SEJA
INSENSATO

Paul **Lemberg**

SEJA INSENSATO

Tradução
Adriana Rieche

CIP-BRASIL. CATALOGAÇÃO-NA-FONTE
SINDICATO NACIONAL DOS EDITORES DE LIVROS, RJ.

Lemberg, Paul

L564s   Seja insensato / Paul Lemberg; tradução: Adriana Rieche. — Rio de Janeiro: Best*Seller*, 2009.

Tradução de: Be unreasonable
ISBN 978-85-7684-229-3
1. Sucesso nos negócios. I. Título.

CDD: 658.409
09-0434   CDU: 65.011.4

Texto revisado segundo o novo Acordo Ortográfico da Língua Portuguesa.

Título original norte-americano
BE UNREASONABLE
Copyright © 2007 by Paul Lemberg
Copyright da tradução © 2008 by Editora Best Seller Ltda.

Capa: Sense Desing
Editoração eletrônica: ô de casa

Todos os direitos reservados. Proibida a reprodução,
no todo ou em parte, sem autorização prévia por escrito da editora,
sejam quais forem os meios empregados.

Direitos exclusivos de publicação em língua portuguesa para o Brasil
adquiridos pela
Editora Best Seller Ltda.
Rua Argentina, 171, parte, São Cristóvão
Rio de Janeiro, RJ — 20921-380
que se reserva a propriedade literária desta tradução

Impresso no Brasil

ISBN 978-85-7684-229-3

PEDIDOS PELO REEMBOLSO POSTAL
Caixa Postal 23.052
Rio de Janeiro, RJ — 20922-970

À minha esposa, a brilhante pintora Leslie Lemberg,
que continua a acreditar em mim
e a me apoiar, incondicionalmente.
Isso sim é insensatez.

AGRADECIMENTOS

Um aspecto insensato de escrever um livro é que, em determinado momento, é preciso dar forma a ideias que demoraram uma vida inteira para se desenvolver. Gostaria de agradecer algumas das pessoas que contribuíram para esse processo de desenvolvimento e para a concretização dessas ideias:

Minha mãe, Anita Fenson, por me ensinar que a maneira convencional e popular de ver o mundo, que embora nem sempre esteja errada, certamente nem sempre está certa. Sem o seu olhar atento, durante meus primeiros anos de vida, este livro jamais teria sido escrito.

Meu amigo e guru editorial, Mark Levy, por me convencer a seguir em frente com o projeto; meu agente, Jim Levine, por acreditar no livro; minha editora na McGraw Hill, Jeanne Glasser, por me ajudar a dar uma forma coerente ao fluxo de ideias; minha secretária, Emily Schaerer, por contribuir para que o livro pudesse se tornar realidade.

Por partilhar seu precioso tempo, suas histórias e conceitos comigo: Paris Arey, Gordon Boronow, Peter Block, Tom Broughton, Tim Carter, Randy Cashingham, Edward de Bono, Fernando Flores, Mike Fry, Steve Harden, Bruno Henry, Tom Johnson, Mark Joyner, Chris Knight, Eben Pagan, Michael Port, Paul Scheele, Jeff Stern, Vernor Vinge, Jeff Walker e Ralph Whitworth.

Alguns de meus muitos amigos e colegas com quem muito conversei ao longo dos anos, trocando ideias e inventando novas: Tom O'Brien, Paul Myers, Paul Kwiecinski, Bob Serling, Peter Fisher, Kenrick Cleveland, Jay Abraham, Michael Roth, Tom Matzen, Joe Vitale, Rich Gabriele, Khosrow Eghtesadi, Shawn Blair e David Turk.

Como todos sabem, escrever um livro rouba tempo de outras atividades importantes, inclusive o tempo dedicado à família. Gostaria de agradecer especialmente a minha esposa, Leslie, por acreditar em tudo que eu escolho fazer (ou pelo menos por me dizer que sim), e a meus filhos, Kate e Jonathan, por serem tão queridos.

Obrigado a todos.

SUMÁRIO

Introdução		11
Capítulo 1	MANIFESTO DA *INSENSATEZ*	15
Capítulo 2	SER *INSENSATO*	21
Capítulo 3	ESTRATÉGIA *INSENSATA*	57
Capítulo 4	PENSAMENTO *INSENSATO*	93
Capítulo 5	TÁTICAS *INSENSATAS*	129
Capítulo 6	EXECUÇÃO *INSENSATA*	181
Epílogo		237
Apêndice A *Insensatez* resumida		241
Apêndice B Perguntas frequentes sobre a *insensatez*		243
Sobre o autor		251

INTRODUÇÃO

Imagine...

Imagine se tivéssemos liberdade para agir, sem nos prendermos a tradições, convenções, histórias, passado ou preconceito. Imagine se pudéssemos fazer nossas escolhas *simplesmente porque são as escolhas certas* e não para atender aos caprichos de alguém. Imagine decisões sendo forjadas nas profundezas de nossa imaginação sem serem diluídas pelo que você ou qualquer outra pessoa pensa que *deve* fazer. *Imagine sermos guiados por nossos desejos e não pelos nossos medos.*

O que você exigiria de si mesmo? O que exigiria das pessoas à sua volta? Você faria questão dos mais altos níveis de desempenho? Exigiria o melhor de cada um? Forçaria seus próprios limites? Ousaria tentar alcançar suas metas mais audaciosas? Você seria insensato?

A sensatez é o que nos impede de avançar. A sensatez ouve aquela vozinha que sussurra em seu ouvido "Você não pode fazer isso... Não seria certo... Nunca foi feito antes... É demais... É arriscado demais... Nossos clientes vão pensar que somos loucos... Nosso pessoal não vai concordar... Nossos concorrentes vão nos esmagar... Existem regras estabelecidas contra esse procedimento".

A sensatez acaba com ideias potencialmente boas valendo-se de argumentos que mostram o que costumava funcionar e a opinião de alguém que fazia sentido anos atrás. A sensatez foi criada para que pudéssemos sobreviver. Ajuda a enfrentar a rotina. Sustenta seu negócio mas, ao mesmo tempo, impede que ele floresça.

Seja *insensato* e todas essas falsas barreiras cairão por água abaixo. Os mitos que o impediram de crescer se dissolverão e sua chama interna será liberada. A insensatez representa um convite para que nos entreguemos às nossas visões, paixões e reais anseios. É um estado de espírito e um convite à ação.

Este livro apresenta maneiras de estimular seu negócio acreditando na sua capacidade de tornar o futuro uma realidade hoje. Envolve deixar para trás todas as ideias e estereótipos antigos, ultrapassados e desgastados. A ideia é fazer você escolher seu lugar e se aventurar. Mostra como avaliar determinada situação e partir para o desconhecido — não de forma inconsequente e imprudente, mas com coragem.

E ajuda você a descobrir que realmente pode voar.

É difícil escrever um livro *sensato* sobre a *insensatez*. Afinal de contas, a partir do momento em que um autor sugere romper com a sabedoria convencional parece hipocrisia enumerar uma série de *regras* para isso. Na maior parte dos casos, o que as pessoas esperam encontrar em um livro desse tipo são dez passos para fazer isso ou sete etapas para fazer aquilo, e uma maneira de pegar a fruta mais acessível da árvore correndo pouco — ou praticamente nenhum — risco pessoal. Me desculpe, mas este livro não traz nada parecido.

Não existem fórmulas para a insensatez. Não é possível seguir os passos trilhados por todos os insensatos que o antecederam — simplesmente não vai funcionar. Não existem mapas ou roteiros precisos a serem seguidos que mostrem o caminho. Entretanto, você pode criar seu próprio trajeto, e o mundo está repleto de sinais naturais — como a posição das estrelas à noite e a maresia, que podem ajudá-lo a navegar. Existem hábitos antigos a serem evitados, e alguns novos processos mentais que, se testados, poderão ajudá-lo a desenvolver seu próprio ponto de vista insensato. Siga esse caminho e você alcançará os mais extraordinários objetivos.

Para fins de organização, as páginas a seguir estão divididas em capítulos, embora sejam mais grupos de ideias com as quais podemos trabalhar. O Capítulo 1 apresenta o "Manifesto da insensatez", ou seja, declarações de ideias insensatas que abalam sua forma de pensar e mostram exatamente qual é o espírito do livro. Se estiver preparado para começar imediatamente, devore esse capítulo e vá em frente.

O Capítulo 2 defende a insensatez e ajudará você a concentrar suas ideias nos aspectos mais importantes dessa jornada. Vai convencê-lo a realmente querer ser insensato e a abraçar a mudança como o melhor amigo que sua empresa já teve. Também o ajudará a ver que as ideias nas quais você acreditou até hoje talvez estejam baseadas em um falso senso de realidade, que vale a pena ser questionada.

O Capítulo 3 analisa a estratégia da insensatez, desafiando muitas ideias tradicionais e virando-as de cabeça para baixo. Literalmente. Esse capítulo avalia uma série de enfoques tradicionais à estratégia e apresenta ferramentas práticas com as quais organizar seus recursos e planejar suas campanhas. O ponto certo para começar é pelo final e pela saída. Desde o primeiro dia, planeje seu negócio pensando em como gostaria de deixá-lo. Concentre seus esforços de *trás* para a *frente*, e diminua os riscos de escolher o caminho errado. Por mais insensato que pareça, parta do pressuposto que todas as suas ideias são possíveis e que basta descobrir como fazê-las funcionar. Lembre-se: os guerrilheiros sempre vencem, por isso cuidado com qualquer abordagem frontal e direta.

O Capítulo 4 entra no cerne da questão: o pensamento insensato. Uma vez que a insensatez requer novidades, esse capítulo mostrará como libertar sua mente para que surjam novos conceitos revolucionários. Esse capítulo examina maneiras úteis de rejeitar compromissos, não criar barreiras para seu próprio desenvolvimento, provocar o aparecimento de novas ideias, transformar suas antigas ideias em conceitos inovadores e criar uma rede delas para que, quando seu próprio cérebro falhar, haja outras mentes pensando da mesma maneira. Você será alertado para que tenha medo das coisas certas e, finalmente, para que passe algum tempo *sem* trabalhar, como uma maneira de tirar o máximo de si.

Nenhum livro sobre estratégia empresarial estaria completo sem uma seção sobre sua contrapartida tática. O Capítulo 5 trata de táticas insensatas muito específicas que podem ser aplicadas ao seu negócio. Evidentemente, esses enfoques não são consagrados, mas contrários ao que manda a sabedoria popular: gaste mais, desperdice mais, esqueça o orçamento, dê o preço mais alto, faça menos, não diversifique. São táticas para selecionar investimentos e deliberadamente cometer erros. E são táticas que ensinam como ser *fanático*.

O Capítulo 6 apresenta o aspecto prático da insensatez. Como disse o ex-CEO da American Airlines, Robert Crandall, "Metade do trabalho da gerência é tentar descobrir onde a empresa estará daqui a cinco ou dez anos; a outra metade é colocar isso em prática". A parte prática é mais difícil para a maioria dos executivos; a insensatez facilita o processo com ferramentas úteis. Essas ferramentas foram desenvolvidas levando em conta que as maiores barreiras a uma execução eficiente não são *know-how* e especialização técnica, mas falta de comunicação, de planejamento, de liderança sênior, de compromisso e responsabilidade e, acima de tudo, falta de vontade e disciplina. Apresentarei um leque completo de truques insensatos, como correr e esperar, desacelerar, jogar nos dois lados do campo e cobrir suas apostas. Até mesmo a liderança tosca pode render benefícios. Além disso, outros instrumentos são apresentados para realmente colocar a cabeça coletiva da empresa para funcionar. Por mais surpreendente que seja, a execução perfeita não envolve necessariamente *fazer* tudo.

Seja insensato termina com algumas perguntas sem resposta sobre o futuro insensato. O inventor Alan Kay disse: "Não se preocupe com o que todo mundo vai fazer (...) A melhor maneira de prever o futuro é inventá-lo. Pessoas realmente inteligentes quando bem financiadas podem fazer praticamente qualquer coisa que não viole muitas das Leis de Newton!" O futurista insensato não pode olhar para trás e ser um seguidor de tendências; em vez disso, ele precisa inventar o futuro e *criar* tendências.

CAPÍTULO **1**

MANIFESTO DA INSENSATEZ

Empresários do mundo, é chegada a hora.

A maneira convencional de alcançar seus objetivos está perdendo a força; não é mais possível chegar aos resultados esperados assim. Como nossa forma tradicional de agir às vezes funciona, achamos que tudo continuará funcionando para sempre. Infelizmente, trata-se de mera ilusão; provavelmente, se é que ainda funciona, será por muito pouco tempo.

Considere o seguinte: conquistas extraordinárias começam com ideias extraordinárias e encontram realização em ações extraordinárias. Pense nesta palavra por um minuto: "extraordinário." Vamos separar os seus radicais formando duas outras palavras "extra" e "ordinário". Não "extra" no sentido de "mais", mas do latim *"extra"*, que significa "além, fora de, superior a(o)" ordinário. É isso que queremos dizer com insensatez.

Leia os seguintes princípios com cuidado e atenção, talvez mais de uma vez. Use-os para encontrar suas novas verdades. Ser insensato significa alcançar o extraordinário agindo de forma inesperada, imprevisível e além do que as pessoas normais considerariam normal.

Ser insensato requer rejeitar compromissos. Os compromissos forçam as pessoas a sacrificar o que realmente importa em troca de eficiência e oportunismo. São questões insubstanciais que existem por causa de uma crença em um falso contexto. Mude o contexto e o compromisso se dissolve.

Não espere ter as cartas certas na mão. Ser insensato implica dar o melhor de si em todas as situações. Envolve esperar a excelência nas pessoas porque isso atende aos interesses de todos. As pessoas guardam seus ases na manga, à espera da melhor hora de usá-los. Não guarde os seus. Jogue com suas melhores cartas.

Faça mais do que o esperado. A maioria das pessoas não pede o que realmente precisa e por isso não recebe o que quer. Peça dos outros mais do que o esperado; isso vai forçá-los a ir além do que achavam que tinham condições de ir.

Aja na medida do possível. Insensatez envolve agir diante da possibilidade de grandes conquistas sem se preocupar com a probabilidade de sucesso. Isso aumenta a probabilidade de sucesso drasticamente, garantindo que tudo que é possível se torne realidade. Faça o improvável acontecer chamando atenção e atraindo recursos para tudo aquilo que vai além do normal e que é mais do que o esperado, mas que pode mudar o mundo.

Questione-se por que normal é normal. Pergunte-se como tudo que é considerado normal chegou a essa condição. Terá sido por ser algo mais eficiente ou por ser algo mais fácil? Ser insensato não significa ser anormal, paranormal ou transnormal — mas analisar muito bem o normal para entender o que isso significa e, depois de entender por que o normal é considerado normal, agir para criar os resultados esperados sem se preocupar com o que os *normais* pensam.

Já sabe o que deve fazer. Então, vá em frente. Não precisa de mais gurus e charlatões dizendo o que deve fazer. Você já levou tudo isso em consideração e, embora possa parecer insensato, já sabe o que fazer. Aja.

Pense *o que quiser*. A razão é o editor silencioso, o censurador que desaprova e edita seus pensamentos errantes. Pense no que quiser e siga seus pensamentos até a melhor conclusão possível. Muitas vezes, as ideias mais transformadoras surgem de forma espontânea e natural. Depois, os pensamentos racionais acabam com elas. Não deixe isso acontecer.

Não baseie sua vida em probabilidades. Se tiver prestado atenção ao mundo até agora, o que você hoje considera provável já está incorporado à sua atividade comercial. Certamente também está incorporado às atividades da concorrência. Procure em seu mundo interno e externo, e encontre a promessa do possível.

Espere pelo melhor. Por mais insensato que pareça, espere pelo melhor daqueles à sua volta. Espere que sejam bem-sucedidos. Conte com isso. Planeje isso. Organize seu orçamento com base nisso. Esperar pelo melhor gera maior probabilidade de sucesso. Comece com a hipótese ideal e procure realmente entender como garantir que ela se torne realidade. Esperar pelo pior tem um efeito semelhante, mas oposto.

Recue ao máximo de modo que a única opção de caminho seja para a frente. O filósofo da guerra Sun Tzu escreveu que nada é tão perigoso quanto um inimigo acuado. Esse tipo de inimigo luta até a morte, porque não tem mais para onde fugir. Use essa estratégia no seu próprio negócio.

Não precisamos fazer as coisas só porque alguém nos diz que devemos. *Dever* sempre implica o *status quo*. Pergunte-se, por exemplo, "Por que eu deveria?" sempre que a conversa entrar nos "deveres". Dever é o caminho mais curto para a mediocridade. "Por que eu deveria?" é o primeiro passo para a majestade.

Não é possível melhorar algo que não entendemos. Não baseie sua realidade em fantasias ou falsidades. Muitas estratégias e planos baseiam-se em premissas errôneas ou incompletas, que necessariamente levam ao descaminho. Se não sabemos exatamente qual a nossa posição, não temos como traçar uma rota que realmente nos faça alcançar nossos objetivos.

18 SEJA INSENSATO

Planeje sua estratégia de saída desde o primeiro dia. A maior parte dos negócios se desenvolve com base em uma ideia ou oportunidade que se apresenta no momento, com pouco planejamento estratégico. O resultado é que eles acabam se desenvolvendo de uma maneira inesperada, em geral para a insatisfação dos líderes. Comece pensando no fim, escolha a estratégia de saída (sua cartada final) hoje e trace um curso certo para chegar lá.

A liberdade advém da responsabilidade. Seja completamente responsável por suas ações e resultados. As pessoas normais procuram relações de causalidade, algo ou alguém em quem jogar a culpa pelo que aconteceu. A insensatez é responsável por todos os milagres ou fracassos na sua esfera de influência; aproprie-se de todos eles, pois essa é a única maneira de exercer seu domínio e conquistar a liberdade. Ser insensato é ser totalmente responsável por tudo à sua volta e completamente irresponsável por transgredir normas culturais.

É preciso gastar, caso contrário, o negócio vai à falência. Segundo o Livro do Eclesiastes, há uma hora certa para tudo. Assim, a parcimônia e a frugalidade têm sua hora. No entanto, cortar radicalmente as despesas retardará seu crescimento e o levará à ruína. Se é crescimento o que procura, gaste mais.

É preciso desperdiçar, caso contrário, você não será capaz de criar algo novo. Quantas vezes a inovação funciona de primeira? Se o seu negócio afundar por causa do desperdício e do fracasso, também evitará a experimentação e a inovação. É preciso errar para alcançar o sucesso. Aja agora e esvazie sua lixeira regularmente.

Um modelo conservador gera resultados conservadores. Repetir os sucessos do passado, preservar a tradição e manter tudo igual poderá, na melhor das hipóteses, gerar resultados iguais aos do passado. O problema é que neste novo futuro — o nosso presente — esses resultados não serão tão bons quanto eram antes. O sucesso insensato requer enfoques insensatos em relação ao futuro.

Tire as sextas-feiras de folga. Trabalhar ininterruptamente até o tanque esvaziar é para tolos e lerdos. Tire as sextas-feiras de folga e reabasteça o tanque. Dar tudo de si dia após dia pode gerar excelentes resultados a curto prazo, mas também gera exaustão. E não somente fadiga física, mas também exaustão espiritual, esgotamento de ideias. Você precisa se recriar se quiser continuar em frente. Tire uma folga e use esse tempo para desenvolver novas energias.

Não se preocupe em acertar. É para isso que serve a Versão 2.0. A perfeição impede o progresso. Novas ideias devem ser testadas em seres humanos reais. Se esperar até conseguir ter tudo perfeito, será tarde demais quando finalmente chegar lá. Pode até ser que isso nunca aconteça. Pense em funcionalidade e praticidade. Experimente no caos do mercado e corrija os problemas que surgirem depois.

Tenha medo. Se não tiver medo, não está fazendo nada que valha a pena. Todos os grandes empreendimentos trazem em si um elemento de risco e a promessa do fracasso e do sucesso. Se não estiver sentindo nem um pouquinho de medo, provavelmente não está fazendo nada que venha um dia a se tornar grande. Pessoas insensatas muitas vezes sentem medo. Só tenha certeza de que está com medo da coisa certa.

Ser insensato envolve quebrar regras, mas não se trata de criar novas regras. Não quebre regras antigas só para substituí-las por novas regras. Quando as novas regras se tornarem simplesmente "regras", também o prenderão, exatamente como as anteriores. Se precisar, crie indicações, diretrizes e sinais. Tudo, menos regras.

A *sensatez* envolve três significados: a razão da lógica e do bom senso; a razão da cautela e da prudência e a razão da justiça. Qualquer que seja o sentido de *razão* que vier à sua mente, a *insensatez*, ou a falta de senso ou razão, representa violar nossos pressupostos básicos. Romper com a tradição. Quebrar o senso de justiça aceito. Desafiar convenções, a lógica e todas as ideias sobre o que funcionou no passado. Tudo isso de uma vez só, se possível.

Mas não se deixe enganar; essa é uma tarefa que exige ímpeto e pode ser difícil. É preciso ter fortes razões para ser insensato.

CAPÍTULO 2

SER *INSENSATO*

"**S**eja razoável!" Quantas vezes você já ouviu isso na vida? Quantas vezes você mesmo já não disse isso? Se essas advertências têm algum sentido, por que fazer justamente o contrário? Na maioria das situações, ser razoável — agir da forma que todos esperam — é o mais certo. Mas nem sempre.

Ainda bem. Não valeria a pena ler este livro se o assunto em si fosse tão absurdo ou insensato a ponto de não merecer consideração. A ideia é tão importante que é preciso levá-la a sério, caso queira fazer seu negócio florescer.

O que fazer quando o razoável — o esperado — não está funcionando da maneira planejada? O que fazer quando o razoável — aquilo que o senso comum ensina — não está alcançando os resultados desejados? O que fazer quando tudo que funcionou tão bem no passado — tudo que, na verdade, ainda está funcionando simplesmente *não está mais sendo suficiente?*

A resposta para a minha pergunta já deve ser óbvia para você: nos tornamos insensatos. De vez em quando, encontramos sujeitos que agem o tempo todo de forma ousada, criativa e contraintuitiva. Como resultado, suas realizações diárias são surpreendentes. Só que nem todo mundo é assim, talvez você, por exemplo, não seja assim.

A maioria das pessoas age de forma aceitável e previsível. Respondemos dentro de certos limites e fronteiras. Agimos com sensatez. Na maior parte do tempo, isso funciona bem, porque um comportamento sensato gera resultados muito bons. No entanto, existem situações que exigem atitudes que vão além do normal. Exigem respostas mais fortes, uma resposta diferente — talvez tão incomum que tudo que normalmente sabemos sobre determinada maneira de agir acaba não surtindo efeito. Nesse momento, é preciso ser insensato.

Quando tudo vai bem, não questionamos

Quando tudo está funcionando, não questionamos nossas ações diárias. Por que deveríamos? Estamos apenas fazendo nosso negócio seguir em frente da forma que gostaríamos.

Considere a indústria automobilística norte-americana por volta de 1970. Existia uma fórmula razoável que funcionava bem. Não só os norte-americanos, mas os abastados compradores de carros no mundo todo queriam carros maiores e mais rápidos, e os fabricantes americanos conseguiam produzi-los, ano após ano. Mantinham o mercado abastecido com vários modelos diferentes, acabamentos variados em cromo e nova tecnologia ocasional, como faróis dianteiros com regulagem automática e cintos de segurança retráteis, gerando lucro suficiente todos os anos para manter os acionistas satisfeitos. Ninguém realmente se preocupava com o fato de os fabricantes estrangeiros estarem produzindo carros pequenos, com pouca potência e sem acessórios — carros tipicamente não-americanos.

Até que em 1973, até então ignoradas na América, veio a primeira crise do petróleo. E os norte-americanos de repente pararam de comprar carros enormes porque não tinham como pagar pelo combustível. Os carros japoneses começaram a receber toda a atenção da imprensa e passaram a roubar mercado da General Motors e da Ford. Levaram, inclusive, a Chrysler à falência.

Quando tudo vai bem, não questionamos o *status quo*. Os americanos gostam de carros grandes. A história recente confirma isso, mas basta uma mudança radical nas condições externas para que o razoável passe a ser insensato e vice-versa. De repente os carros de pequeno porte, até mesmo os bem pequenos, como o Honda Civic original — lançado em 1972 à frente da crise do petróleo (seriam os japoneses videntes?) —, causaram um desastre no mercado, revertendo por completo 50 anos de tradição em carros grandes. Essa mudança radical e contrária a tudo o que a indústria sempre esperara pegou os fabricantes norte-americanos de surpresa. Como pode ter acontecido? Porque, quando tudo vai bem, não questionamos os fatos. Simplesmente fazemos o que é esperado e o que sempre funcionou.

Vamos avançar no tempo algumas décadas e analisar a crise energética. Alguns grandes produtores de energia estão pensando no futuro e outros... bem, não temos muita certeza do que estão fazendo. Os anos de 2005 e 2006 foram representativos para a gigante produtora de petróleo Exxon Mobil. Quando tudo está bem, a maior parte das empresas não quer mudar sua estrutura. No final de 2005, com um lucro trimestral recorde de US$ 10 bilhões, a Exxon Mobil anunciou que não tinha planos de investir esses ganhos no desenvolvimento de energia alternativa ou renovável. "Somos uma empresa de petróleo e gás. No passado, tentamos entrar em outros ramos de negócios, mas não tivemos sucesso. Optamos por reinvestir nosso capital naquilo que conhecemos", afirmou o porta-voz da Exxon, Dave Gardner, na ocasião. É claro que isso faz sentido e é muito sensato, exceto no contexto de um clima político explosivo no Oriente Médio e diante de um recurso cada vez mais escasso e caro.

Compare a Exxon com outra gigante petroleira, a Chevron. A Chevron está seriamente considerando a possibilidade dos poços de petróleo secarem e desenvolve planos para produzir energia de outras maneiras. É uma forma de pensar um tanto insensata para uma empresa cuja receita atual é, em sua maior parte, se não toda, proveniente da extração, do refino e da distribuição de petróleo. A empresa está estudando várias tecnologias avançadas ligadas à energia e está financiando pesquisas em energia limpa. As experiências da Chevron envolvem desde as mais tradicionais (extrair energia de matérias-primas como o carvão e a areia betuminosa) até os enfoques mais radicais como combustível de biomassa, hidrogênio e inclusive a nanotecnologia. O principal executivo de tecnologia da empresa, Don Paul, insensatamente acredita que, em vez de encontrar mais energia armazenada a ser minerada do solo, a engenharia molecular — literalmente, o rearranjo da sequência de átomos e moléculas — é a chave para o futuro da energia global.

Independentemente de ele estar certo ou não sobre essa sua visão particular, o fato é que ele está pensando de maneira insensata. Enquanto os produtores tradicionais, como a Exxon Mobil, veem o futuro cor-de-rosa e estão satisfeitos com o *status quo*, empresas que antes eram "petroleiras", como a Chevron, a Shell e a BP inglesa estão considerando o que precisa acontecer para que elas continuem a fornecer energia para um mundo que vive em meio a rápidas mudanças políticas, econômicas e ambientais. Essas empresas escolheram romper com suas próprias tradições muito bem-sucedidas e encontrar uma forma de vencer, em vez de enfiar a cabeça na areia e esperar que as mudanças não sejam tão radicais.

É difícil romper conscientemente com o *status quo*, e parece que quanto maior e mais entrincheirada for uma empresa, mais difícil será para ela combater um cenário baseado em um senso forte, porém possivelmente falso, de bem-estar.

A IBM dominou o mercado de computadores de grande porte tão bem e durante tanto tempo que cada ano trazia um novo significado para a palavra *grande*. Não havia como essa empresa sequer considerar a possibilidade de computadores pequenos. Grande era sensato. A centralização era a única maneira de administrar. Esse ponto de vista controlava não só a filosofia de produtos da empresa mas também sua linha de produção, processo de vendas e a própria estrutura corporativa interna. Esse, claramente, é um exemplo do que vale para um vale para todos.

A tendência da década de 1970 em direção à computação departamental, cujas pioneiras foram empresas como a Digital Equipment e a Data General, causou pouco impacto à filosofia da IBM "quanto maior, melhor"; a resposta da gigante foi, basicamente, diminuir os grandes computadores. Quando os microcomputadores começaram a ganhar espaço, a resposta da IBM foi típica. Primeiro, a empresa tentou marginalizar os PCs. Manteve-os como produtos secundários e as vendas eram em canais separados. Tentou preservar seu tradicional negócio de *mainframes* em vez de perceber que a era dos grandes computadores estava chegando ao fim e era apenas uma questão de tempo até a derrocada final. Se a IBM tivesse considerado que o poder dos computadores pequenos aumentaria de forma drástica, a empresa poderia ter liderado a revolução dos computadores pessoais, em vez de ceder boa parte dos lucros para outras empresas como Intel, Compaq e Microsoft.

No final das contas, a IBM foi forçada a transferir todo seu negócio para o setor de serviços, encerrando ou vendendo várias partes da empresa ligadas à fabricação de hardware. Somos forçados a mudar de direção e a procurar soluções onde menos esperamos quando as coisas deixam de funcionar bem. Seria ótimo poder ficar um passo adiante.

A sensatez nunca levou a avanços inovadores

Encontrar elementos que podem ser otimizados e fazer pequenas mudanças para que as operações diárias se tornem mais eficientes e eficazes resulta em crescimento incremental — o ganho constante de 7% sobre as receitas e lucros anuais. Esse conceito de otimização, definido por W. Edwards Deming, gerará dividendos anuais, ainda que pequenos, para os investidores. A otimização, ou a melhoria contínua, sempre será uma abordagem sensata para administrar sua empresa, com algumas limitações:

Desde que o ambiente externo permaneça estável.

Desde que não haja aumentos nos preços do petróleo nem escassez de outras matérias-primas essenciais.

Desde que não haja uma redução geral de preços.

Desde que o gosto dos consumidores não mude.

Desde que não haja mudança tecnológica no cerne da sua linha de produtos.

Desde que não haja um concorrente global que afete os aspectos fundamentais do seu mercado.

Quando o mercado não está estável, quando grandes mudanças estão abalando a própria sustentação do seu ambiente, a única solução que pode evitar a falência é a inovação.

Um avanço inovador é uma mudança descontínua no seu negócio que muda as curvas de receita, produção e lucros em uma direção inteiramente nova. Essas inovações — que serão necessárias para competir em nível global ou lidar com mudanças de 180 graus no gosto dos consumidores — não são resultado de atitudes "sensatas" e de seguir as regras comerciais existentes. Não há como prever os avanços a partir do *status quo*. Além disso, eles têm o mau hábito de gerar desconforto na sua organização.

Em 1983, boa parte da receita da Intel, atualmente a maior fabricante mundial de semicondutores, era proveniente da venda de memória de semicondutores. A empresa vinha sofrendo crescente pressão de preços dos fabricantes japoneses, que estavam construindo uma significativa capacidade de fabricação e reduzindo preços para ganhar participação no mercado. O então presidente Andy Grove concluiu que a Intel não poderia continuar a competir nessa base e elaborou um enfoque radicalmente novo.

Grove decidiu que o futuro da Intel — na verdade, o futuro da indústria norte-americana de semicondutores — estava nos microprocessadores, que até então tinham representado apenas uma pequena parcela dos lucros da empresa. Ele reestruturou todo o negócio para que a Intel se tornasse a "única fonte" de *chips* de computadores, aumentando a qualidade e diversificando a empresa, não por produto, mas por geografia, tornando-a um fornecedor mais estável e confiável. Ele apostou o futuro da empresa nessa inovação, rompeu todas as regras do ramo ao fazê-lo e transformou a Intel em uma das três companhias mais importantes da era dos computadores pessoais.

Alguns avanços acontecem por acaso, mas mesmo nesses casos envolvem coragem e determinação, afinal consequências geram muito desconforto. Além disso, por definição, esses avanços em geral são totalmente desalinhados com a atual direção comercial da empresa. Planejar um avanço inovador do zero requer sacrificar absolutamente tudo que é considerado razoável. E daí se os lucros estiverem fracos; isso não significa que é preciso abandonar a principal fonte de lucros, não é? No caso da Intel, foi exatamente isso que aconteceu.

A sorte dos biscoitos da sorte

A Fancy Fortune Cookies, de Mike Fry, é a maior fabricante norte-americano desses novos oráculos servidos após as refeições. É um negócio pouco comum, mas faz todo sentido para alguém como Fry, que fugiu para se juntar ao circo Ringling Brothers and Barnum & Bailey Circus como palhaço e explorou essa experiência em seu famoso programa de tevê para crianças nos EUA chamado *Happy's Place*.

Se você já foi a algum restaurante chinês, certamente já comeu um biscoito da sorte — biscoitos em forma de meia-lua com sábios dizeres escritos em pedacinhos de papel dentro. Mike Fry fez sua fortuna assim. Transparentes e sem gosto, os biscoitos da sorte tradicionais são divertidos de abrir, mas ninguém pode dizer que são divertidos de comer. Jantando em seu restaurante chinês favorito em 1987, Fry imaginou por que ninguém ainda tinha feito um biscoito da sorte saboroso e todo colorido. Algo parecido com jujuba. Ele fantasiou sobre essa ideia durante algum tempo e, três anos depois, partiu em busca de seu sonho.

Foi quando Fry descobriu que ninguém fabricava esses biscoitos da sorte "divertidos", nem havia qualquer intenção de produzi-los. Além do mais, ninguém iria deixá-lo fabricar os biscoitos. Todos os biscoitos da sorte eram fabricados por chineses nativos; eles nunca haviam sido fabricados por um estrangeiro. Na verdade, a tecnologia da fabricação desses biscoitos era um segredo muito bem guardado e quem quer que o vendesse às pessoas erradas corria o risco de ostracismo por parte do restante da comunidade de comerciantes de biscoitos da sorte. Fry propôs algo que os especialistas do setor consideraram insensato e irresponsável.

Depois de ligar para todos os fabricantes que conhecia e ser rechaçado por todos eles, Fry encontrou alguém que estava disposto a ouvi-lo. Juntos começaram a experimentar. Fry teve a boa "sorte" de não ter a menor ideia do que estava fazendo, por isso conseguiu romper todas as regras do livro dos biscoitos da sorte. Ele fabricou "zilhões" de biscoitos ruins até chegar a 17 sabores incríveis que sua base crescente de consumidores adora, inventando, ao mesmo tempo, o mercado de biscoitos da sorte B2B, ou seja, de empresa para empresa. Sem querer, Fry reinventou toda uma arte ancestral de fabricação de biscoitos. Aposto que você não imagina como é uma máquina para fabricar biscoitos da sorte, mas Fry e sua equipe de cientistas espaciais (sim, sua equipe realmente tem cientistas espaciais) criaram um processo de fabricação completamente novo, usando máquinas mais simples e mais confiáveis do que as tradicionais máquinas de biscoitos da sorte. Ele desafiou todas as convenções do setor — não por rebeldia, mas porque teve uma visão, que não poderia ser realizada pelas formas antigas de fabricação.

Os avanços inovadores nunca são "razoáveis" ou sensatos. Não podem ser, justamente porque ser sensato significa continuar seguindo o mesmo caminho tradicional. A sensatez é sempre moderada, judiciosa, fiel a si mesma e obediente às regras.

Ctrl–Alt–Del

Existem momentos em que um modelo de negócios simplesmente fica estagnado. Os antigos e confiáveis padrões de desenvolvimento de produtos e do negócio em si geram cada vez menos retorno. Não é possível explicar exatamente o motivo, mas em um ambiente complexo — como em um sistema operacional — os efeitos combinados das ações dos outros participantes podem afetar drasticamente seus esforços.

Há um ano, seu mais novo lançamento de marketing teria feito um sucesso estrondoso no mercado de calças jeans, mas agora, por causa dos preços promocionais de uma nova e desesperada empresa de jeans, seus esforços sequer fazem marola, e todo o seu empenho está indo por água abaixo.

Você, então, volta a consultar a já batida coleção de táticas e estratégias que sempre funcionaram no passado — novos modelos, lançamentos espetaculares, uma boa assessoria de imprensa —, mas nada parece dar certo. E para piorar você ainda desconhece o motivo. Seus novos concorrentes parecem estar conquistando espaço no mercado de maneiras que você não conhece. Eles promovem suas vendas por meio de algo chamado "networking". O que vem a ser isso?, você se pergunta. A concorrência sequer tem distribuição no varejo, mas está ocupando todo o espaço de propaganda. O que está acontecendo?

Relaxe e respire fundo, porque nada que você conhece ou sabe fazer vai funcionar agora. Seguir algum dos seus antigos procedimentos só vai jogar mais dinheiro pelo ralo. Pode ser o momento de apertar as três teclas para reiniciar: Ctrl–Alt–Del.

Isso é o que acontece quando você decide que as velhas regras — aquelas que você acha que ainda se aplicam — não estão gerando os resultados esperados. As ações que eram sensatas no passado não estão mais surtindo efeito. Ctrl–Alt–Del. Infelizmente, apertar essas teclas e decidir agir de forma insensata não vão fazer com que os concorrentes e sua ousadia desapareçam. Mas o ato de reiniciar oferece a oportunidade de se desprender de padrões que limitam ideias e pensamentos.

Apertar as três teclas para reiniciar é um caminho para alcançar um novo nível de pensamento. Em vez de fazer a pergunta com base no que você sabe que funcionou no passado, comece fazendo outra pergunta: o que — dentre todas as possibilidades — pode funcionar agora?

Você não está mais preso às algemas do sucesso anterior; está livre para avançar em direção ao futuro. A pergunta "O que é networking, como podemos construir uma rede social?" talvez nunca tenha ocorrido a uma empresa que distribui todos os seus produtos via grandes lojas como Wal-Mart ou Target.

Optar pela insensatez libera sua mente. Enquanto estiver obcecado em fazer dar certo o que não está funcionando, você continuará sempre voltando para as mesmas opções limitadas.

Por que você acha que a maioria dos carros é sempre parecida, independentemente do fabricante? Mesmo quando uma empresa lança algo radical, basta um único ciclo de produtos para que todos os demais fabricantes copiem o lançamento. Por que você acha que todos os carros usam basicamente a mesma tecnologia, embora existam alternativas disponíveis, significativa e evidentemente, superiores? Porque todos os fabricantes estão presos ao mesmo sistema de regras e nenhum deles está disposto a se afastar delas.

A evolução de um padrão superior de televisão é outro exemplo de uma situação em que a tecnologia comercialmente disponível não corresponde ao que já está disponível nos laboratórios. Os fabricantes de equipamentos, os programadores, as emissoras, os consumidores e até mesmos os jornalistas e críticos precisam chegar a um consenso sobre o padrão a ser usado. Todos estão, ainda que de forma justificável, presos a um sistema que ainda é lucrativo, embora cada vez menos — e ninguém está disposto a correr o risco econômico de violar as regras estabelecidas.

Estes são dois exemplos de sistemas nos quais o acordo entre os participantes é tão forte que rompê-lo pode ser fatal. Será que o mesmo se aplica ao seu ramo de atuação? Você está preso a um conjunto consensual de regras que limitam sua capacidade de lidar com novas oportunidades? Na maior parte dos setores não é assim. As regras não são regras. São apenas acúmulos de histórias passadas. Não são limitações de mercado legítimas; são simplesmente a forma como o negócio sempre funcionou.

Durante anos, houve um padrão definido no mundo do cinema: distribuição limitada para garantir que o filme "funciona", distribuição para grandes redes de cinemas, locação e vendas no varejo (primeiro para VHS e, depois, para DVD), *pay per view*, tevê a cabo, viagens aéreas e, finalmente, grandes redes de televisão. Este é o sistema testado pelos executivos dos estúdios de cinema anos atrás, com a convicção de que esse padrão gera as maiores receitas maximizando cada "cliente mais rentável" antes de passar para o próximo nível, menos lucrativo.

Intuitivamente, essa sequência faz sentido. Será mesmo? Comparações diretas são difíceis, e até hoje ninguém se arriscou a ir contra esse sistema. A exceção são os lançamentos "apenas em vídeo", que é um círculo infernal especialmente reservado para filmes que não agradaram o grande público em suas primeiras exibições, filmes que todos "sabem" que não funcionariam e certos gêneros com apelo limitado, como pornografia e artes marciais.

Existem inúmeros problemas significativos com este enfoque, muitos deles relacionados ao fato de que os lançamentos são muito caros e arriscados para os produtores. Os donos das salas de cinema querem um produto comprovado em suas telas, o que significa atores famosos e continuações de grandes sucessos, limitando as opções criativas dos diretores e aumentando os custos de forma exorbitante. Todos os demais elementos da cadeia de distribuição de filmes dependem do marketing e da exposição gerados pela estreia nos cinemas. As cadeias de cinema, por sua vez, exigem isso. Assim, o sistema prevalece.

O premiado diretor e produtor Steven Soderbergh implementou um enfoque insensato. Soderbergh, um verdadeiro rebelde, lançou *Bubble* como seu primeiro filme com distribuição praticamente simultânea nos cinemas, em televisão de alta definição e DVD. É claro que as grandes cadeias de cinema boicotaram o filme, mas houve um número suficiente de salas independentes para garantir a distribuição. As vendas de ingressos caíram imediatamente, mas o filme conseguiu gerar lucro porque as despesas com marketing e elenco foram muito abaixo da média.

Será que isso funcionaria para superproduções? Não necessariamente. A insensatez não envolve mudar o comportamento das massas, embora até venha, por fim, a fazê-lo. Pressionar a tecla para reiniciar não será a solução para os problemas do mundo, mas pode resolver seu problema.

Você está disposto a romper com as regras provenientes do seu próprio comportamento passado ou talvez (de forma ainda mais corajosa) com as regras estabelecidas por décadas de normas da indústria?

Você já sabe o que é mais importante

Agora (sim, agora mesmo), pegue uma folha de papel e escreva os números de um a dez. Faça uma lista de dez tarefas a serem realizadas que ajudariam muito o seu negócio. Podem ser tarefas simples (por exemplo, "contratar um novo membro para a equipe de vendas") ou complexas (como "dividir a empresa em duas"). Não perca muito tempo deliberando sobre as escolhas disponíveis. Anote o que vier à sua mente.

Pronto?

Vamos rever sua lista. Todos os itens são importantes, mas um deles se destacará, fará mais diferença na sua vida do que os demais. Não pense muito agora também. Valha-se de sua intuição, instinto, bom senso ou qualquer que seja o nome dado. Encontre o item mais importante e assinale-o.

Agora (sim, agora mesmo), comece a trabalhar nesse item. Agora mesmo? (Mas tenho outros itens importantes também.) Sim, agora mesmo. Mergulhe fundo. Agora.

A questão é que você já sabe o que precisa ser feito. Fez a lista, revisou-a e decidiu qual item seria mais lucrativo se fosse implementado. Não há necessidade de motivação adicional. O resultado alcançado pela ação será suficientemente compensador.

Procuramos complicar a vida, especialmente nos negócios. Não acreditamos que certas coisas podem ser simples. Uma coisa simples é que já sabemos o que fazer. Não precisamos de sofisticadas teorias de administração para nos ajudar a descobrir isso. Temos boas respostas em nossas mentes. O truque é deixá-las aflorar. Às vezes, quando aplico a técnica da lista de dez elementos com um cliente, ele descobre o que é mais importante para a empresa dele, mas ainda assim não sabe como começar a trabalhar para alcançar esse objetivo. Pelo menos, é isso que o cliente afirma. Eu procuro mostrar o oposto.

Digamos que ele decida que o item mais importante da sua lista é aumentar as vendas. Eu peço a ele para criar outra lista: "Como aumentar as vendas." Essa lista não será de apenas dez itens. Serão 100 itens. No começo, o cliente pensa que é brincadeira, mas não é. Dou-lhe três horas para fazer a lista. Ele terá que se esforçar para pensar em tantos itens. Alguns serão simples; outros, mais complexos. Alguns serão bobos; outros, úteis. A única regra é que é preciso incluir 100 itens na lista. Não 87 nem 99; 100 é o número desejado.

Por que 100? É um número grande, é um número tão bom quanto qualquer outro e é totalmente insensato. Vejo que quando temos um alvo a ser atingido, mesmo que seja ambicioso, nós conseguimos. Quando o cliente termina a lista, nós a repassamos juntos. Em uma lista típica, encontro 20 estratégias que talvez resolvam o problema. Eu destaco isso. O cliente achava que não tinha um método sequer e tem 20. Faço com que ele escolha a estratégia que na sua opinião funcionará melhor e peço que comece a agir imediatamente. O que eu consigo alcançar com essas listas é realmente o segredo insensato da consultoria empresarial: fazer com que os clientes resolvam seus próprios problemas.

A verdade é que a maior parte das pessoas já sabe o que fazer. Talvez as pessoas não se deem conta disso, ou talvez estejam muito apavoradas para admiti-lo, mas elas têm as respostas. Minha função é ajudar os

34   SEJA INSENSATO

clientes a pensar claramente, fazê-los discutir seus anseios com precisão. Meu trabalho é fazer com que as possibilidades existentes saiam de suas mentes e passem para o papel, onde poderão se transformar em ação. Estou ali para separar o joio do trigo e permitir que eles usem o conhecimento e a sabedoria que já tinham quando eu entrei em ação.

Você também tem esse conhecimento e sabedoria. Assim como tem boas respostas ao seu alcance. Siga o caminho da insensatez. Não finja que está confuso. Você sabe o que fazer. Então, faça.

Insensatez sempre envolve desconforto

As pessoas são incrivelmente adaptáveis, mas na outra face de qualquer adaptação esperamos encontrar estabilidade. Somos criaturas do conforto desde a mais tenra idade, encontramos formas de trabalhar e nos acostumamos a elas. Quanto mais exercemos determinada função, mais confortáveis nos sentimos. Rapidamente definimos regras com base em nosso comportamento.

Um dos meus clientes é um empresário que administra uma empresa de software. Sua empresa enfrentou muitas dificuldades no ano passado e acabou sobrevivendo com a oferta de serviços adicionais aos clientes existentes — uma resposta inteligente a circunstâncias difíceis. A estratégia deu tão certo que a empresa acabou aumentando sua receita. Mas outra coisa aconteceu: todos se acomodaram. Decidiram que poderiam viver com sua base atual de clientes e então "perceberam" que não haveria novos clientes. Isso é ruim? Não se trata apenas de aceitar a realidade como ela é? Talvez não seja ruim, a não ser pelo fato de que todos se acostumaram com a ideia de que "não há novos clientes" e ficaram presos a isso. Os membros da equipe de vendas acreditaram que era verdade e basearam todo seu regime de trabalho nisso. O desenvolvimento de novos negócios era cada vez menor, pois refletia essa nova "regra". Hoje estão diante de um quadro sombrio e, a menos que mudem logo, seu futuro não será brilhante.

Existe um estado de espírito que eu gostaria de explicar agora, chamado de zona de conforto. Você talvez já conheça essa insidiosa disposição. As pessoas são seduzidas pelo *status quo*. Elas acham que as coisas estão muito bem do jeito que estão — independentemente de seu estado atual. É confortável assim. Gostamos disso e não queremos que nada mude. Quando eu era jovem e trabalhava na General Electric, dizíamos que quem se comportava assim era "gordo, burro e feliz". Essa condição gera regras para mantermos as coisas exatamente como elas estão.

Nós nos acostumamos com tudo — com as coisas boas e com as ruins. Podemos aceitar a atual situação da empresa, mesmo que não seja a ideal. Já sabemos como lidar com ela, podemos manter a equipe do tamanho que está e sabemos quanto retorno poderemos obter com o negócio do jeito que ele está. Ou podemos nos acostumar com as atuais fontes de negócios, mesmo quando o nicho em que atuamos está encolhendo. Afinal de contas, entendemos bem esses tipos de clientes. Conhecemos sua personalidade. Estamos familiarizados com a forma como essas pessoas reagem às nossas ideias. E achamos que isso é incrível.

Também podemos nos acostumar com a concorrência, mesmo se ela for maior e mais ágil ou simplesmente melhor do que nós. Pelo menos sabemos onde estamos, certo? Como achamos que os passos da concorrência são previsíveis, nos sentimos seguros. Já dizia o velho ditado: "Mais vale um mal conhecido do que o bem por conhecer." De onde acha que ele veio?

Como você pode ver claramente, cada uma dessas situações envolve alto risco. Se não hoje, muito em breve.

Afinal, o que há de tão confortável na zona de conforto?

A zona de conforto remete à pré-história. Os seres humanos gostam de regularidade e previsibilidade. Qualquer mudança é ruim. Considere viver da caça e coleta de frutas na natureza: qualquer mudan-

36 SEJA INSENSATO

ça climática, qualquer mudança no ambiente, qualquer novo som à noite, novas pessoas, novos animais — qualquer um representa uma ameaça potencialmente mortal.

Já não existem mais tigres-dente-de-sabre na minha cidade, mas ainda preferimos quando tudo permanece constante e estável. Aprendemos as respostas certas para enfrentar o desafio. Sabemos como medir nossos esforços e não precisamos nos empenhar demais para alcançar resultados aceitáveis. Também conseguimos fazer previsões confiáveis sobre o futuro, o que nos faz sentir seguros e confortáveis. A parte mais estranha é que podemos nos sentir mais confortáveis quando, sem saber, estamos diante do maior perigo.

Voltemos àquela empresa de software. Essas pessoas ficaram tão acostumadas a ouvir um não que simplesmente faziam de conta que isso era bom e pararam de procurar novos negócios. Pelo menos era algo que entendiam bem, certo?

Errado!

Permanecer na zona de conforto vai acabar com seu negócio, assim como acabará com a empresa do meu cliente. Quando estamos na zona de conforto — esse lugar de agradável sossego —, significa que aceitamos as regras existentes e estamos em paz com o *status quo*. Gostamos disso. Esperamos que tudo permaneça exatamente como está, que nada se altere com as mudanças. Não há progresso nisso. Provavelmente, perdemos a perspectiva de nossa visão e repetimos as mesmas ações várias e várias vezes...

O precipício para o qual estamos avançando está logo ali, na próxima curva, e pedras cortantes estão lá embaixo esperando nossa queda.

O que podemos fazer diante de circunstâncias tão agradáveis e lúgubres ao mesmo tempo? É hora de começar a quebrar as regras. Você já sabe que será desconfortável. Sempre é.

Faça este teste para ver até que ponto você realmente está na zona de conforto.

Marque 5 pontos para cada resposta "Sim".

☐ Você e sua equipe se acostumaram com "o jeito como as coisas são"?

☐ Você parou de fazer a empresa avançar? (Considere qualquer tipo de mudança como "avanço".)

☐ Você parou de procurar novas oportunidades?

☐ Consegue se lembrar de ter recentemente deixado de prestar atenção aos negócios?

☐ Você passou a deixar de lado certos fatos que antes eram importantes?

☐ Está acomodado com as circunstâncias atuais?

☐ Não gosta de mudanças?

☐ Você deixou sua visão se tornar palavras em um cartaz? Ficou em segundo plano?

☐ Sua última inovação foi há mais de um mês?

☐ Você sabe que sua empresa pode realizar muito mais?

☐ Está tudo bem?

Marque 5 pontos para cada resposta "Não".

☐ Você pode dizer claramente qual novo território foi conquistado esta semana?

☐ Já pensou na sua visão ou missão esta semana?

☐ Alcançou algum resultado importante nas últimas duas semanas?

☐ Consegue citar duas coisas das quais não gosta mas com as quais já tenha se acostumado? Marque 5 pontos para cada uma delas.

☐ Você pode citar duas coisas das quais abriu mão por causa da sua visão no último mês? Subtraia 3 pontos para cada um.

> **Resultado:**
>
> ☐ 10 ou menos: Você, definitivamente, não está na zona de conforto.
>
> ☐ 11-15: Você está no limiar da zona de conforto. Lembre-se da sua missão atual. Descubra as regras comerciais conservadoras que estão limitando seu avanço e comece a quebrá-las, uma a uma.
>
> ☐ 16-20: Você, definitivamente, está na zona de conforto. Comece o programa de recuperação em cinco passos imediatamente.
>
> ☐ 21 ou mais: Você está totalmente dentro da zona de conforto. Se não conseguir se inspirar, procure ajuda logo e de preferência de alguém que tenha facilidade para quebrar as regras.

Cinco passos garantidos para fazer você sair da zona de conforto

Passo 1: Reconheça que está na zona de conforto

Você está acostumado com o jeito como as coisas são? Aceitou a ideia de que esse é o jeito como as coisas sempre serão? Parou de fazer sua empresa avançar? Parou de procurar novas oportunidades? Começou a deixar de lado certas coisas que antes eram importantes? Você está acomodado com as circunstâncias atuais?

Passo 2: Revise suas metas estratégicas

Qual é a missão do seu negócio? Quais são as metas que você definiu para alcançar essa missão? Seguir as regras restritivas e já estabelecidas ajuda a atingi-la? O que vê no futuro é o que você realmente deseja?

Se você não se sente mais confortável com sua visão, então é hora de tentar melhorá-la.

Passo 3: Procure descobrir o que o está impedindo de avançar

Que comportamento comercial habitual está impedindo você de realizar sua visão e alcançar suas metas corporativas? Em outras palavras, o que não está funcionando? Essas são as regras a serem quebradas! Seja específico. Seja concreto. (Você não precisa de um plano estratégico bem elaborado nesse momento — basta colocar o motor em movimento novamente.)

Passo 4: Examine as consequências

Se permanecer na zona de conforto, o que tende a acontecer em seguida? Quais são as consequências de manter o *status quo* enquanto o mundo à sua volta muda? Seja totalmente honesto. Se as coisas realmente parecem cor-de-rosa, maravilha. Ótimo para você. Mas se não for o caso...

Passo 5: Hora de agir

> *O que antes funcionava, hoje não serve para nada.*
>
> — Warren Zevon

No final das contas, a única coisa que faz diferença é agir. Independentemente da mudança necessária, seja de atitude perante os negócios ou no seu comportamento pessoal para que algo aconteça, é preciso agir. Talvez você não esteja acostumado a agir — talvez tenha perdido esse hábito.

Aqui está uma rápida solução para sair da zona de conforto: defina cinco novas ações que impulsionarão seu negócio. Escolha uma delas e coloque-a em prática imediatamente. Comece hoje. Quando terminar, escolha outra, e continue agindo. Parece simples, e é! O difícil é sair do sofá e começar. Tudo parece tão bom do jeito que está, não é mesmo? Sair da zona de conforto talvez não seja nada confortável — na verdade, certamente não será.

De qualquer maneira

Coisas importantes não acontecem por acaso; precisam de um empurrão. Não importa se for uma grande invenção, o lançamento de um novo produto ou um aumento considerável na participação de mercado ou nos lucros anuais. Ou alguma nova iniciativa de segurança ou uma fonte de energia elétrica não-poluente. Ou a paz mundial.

Nada disso acontece de repente. Não são produto das circunstâncias ou de eventos aleatórios. Além de determinação, foco e compromisso, exigem medidas tomadas por alguém que tenha o resultado final em mente e que acredite que a realização desse resultado final depende dele.

Grandes feitos não são resultado do acaso; são resultados alcançados somente por pessoas que assumem inteira responsabilidade por seus atos e por mudar o mundo — de qualquer maneira.

Em seu próprio sistema de valores, as pessoas insensatas farão o possível para transformar seus sonhos em realidade. Evidentemente, a maior parte das coisas realmente importantes são fruto dos sonhos.

Talvez tenham que trabalhar 80 horas por semana durante várias semanas ou gerar 100 ideias até chegar a uma boa ideia que faça sentido. Talvez tenham que hipotecar suas casas para investir ou mesmo se mudar para lugares com um custo de vida menor para aumentar sua renda. Essas pessoas pedirão ajuda aos consumidores ou confortarão colegas de trabalho, mesmo quando isso for desconfortável (especialmente nesses casos).

Resumindo, farão praticamente qualquer coisa insensata para transformar suas ideias em realidade, porque essa é a única maneira de dar forma ao que realmente é importante.

Pessoas insensatas se consideram supervisores dos resultados que buscam — seja rodar um filme por diversão, desafiar um concorrente gigante no mercado ou libertar seus países do domínio colonial.

Os irmãos Andy e Larry Wachowski, roteiristas renomados, procuravam financiamento para seu filme *Matrix*, cujo orçamento era altíssimo. Apesar das comprovadas credenciais como roteiristas, vários produtores rejeitaram a oferta porque nenhum grande estúdio iria financiar um filme tão caro com diretores estreantes. Eles precisavam de um primeiro filme. Então, eles fizeram o que qualquer diretor insensato jovem faria. Rapidamente escreveram o roteiro do filme *Ligadas pelo Desejo*, que era sombrio, ousado e, acima de tudo, barato. O filme foi barato de produzir e os irmãos Wachowski conseguiram financiamento rápido. Tornou-se um sucesso de crítica no *underground* e fez com que o produtor Joel Silver investisse US$ 63 milhões para a produção de *Matrix*.

Aja como se sua vida dependesse disso

O fracasso é um tempero indispensável ao êxito.

— Truman Capote

Você acha insensato levar um ano e meio filmando um longa só para poder fazer outro? E se essa fosse a única forma de alcançar seus sonhos? Os irmãos Wachowski agiram como se suas vidas dependessem disso, gastando 18 meses só para atingir outra meta.

Movido pela crença de que o mundo precisava de uma fonte confiável de iluminação que não dependesse de gases venenosos e inflamáveis, o físico e eletricista pioneiro inglês, Sir Joseph Wilson Swan, produziu sua primeira lâmpada experimental em 1860 e passou os 15 anos seguintes tentando aperfeiçoá-la.

A partir dos sucessos de Swan e de outros, Thomas Edison tomou o bastão em 1878 e dedicou todos os recursos de seu laboratório à empreitada. Antes de proclamar vitória, Edison trabalhou no problema durante três anos até descobrir uma combinação confiável de elementos e condições que permitiram que a lâmpada queimasse primeiro durante 13 horas e depois por 100 horas. Edison teria dito, quando perguntado por um jornalista: "Não fracassei. Simplesmente encontrei 10 mil maneiras que não funcionam!" Embora esse número possa ser um tanto exagerado, indica o grau de compromisso e insensatez que Edison estava disposto a empenhar.

Metas significativas — iluminar um mundo tomado pela escuridão certamente é significativo — exigem que as pessoas ajam como se suas vidas dependessem do resultado. Por fim, Edison afirmou: "Muitos dos fracassos da vida acontecem porque as pessoas não percebem o quão estavam perto do sucesso quando desistem." Se a sua vida dependesse disso, até onde você iria? Quantos "não" você aguentaria? Quantos fracassos suportaria?

O astro de cinema Mark Ruffalo lavou pratos, plantou árvores, pintou casas e atendeu em bares em Los Angeles, enquanto amargava oito anos de rejeição, sendo recusado em mais de 800 papéis antes de conseguir participar em um filme importante. Jack London recebeu mais de 600 cartas de rejeição de editores de revistas antes de vender sua primeira história. John Grisham, autor de livros com vendas superiores a 60 milhões de cópias, foi recusado por 15 editoras e 30 agentes, e 123 editores rejeitaram *Histórias para aquecer o coração*, de Jack Canfield e Mark Victor Hansen, antes de a obra se tornar uma das mais vendidas de todos os tempos. Pessoas mais sensatas teriam desistido antes de chegar ao sucesso.

Laurence J. Peter, autor do epônimo *O princípio de Peter*, acredita que "existem dois tipos de fracassos: o dos que pensaram e nunca realizaram nada e o dos que fizeram e nunca pensaram em nada".

Embora a intenção de Peter fosse inteiramente diferente, ele está expressando um sentimento perfeitamente insensato. Pessoas insensatas "agem", sem considerar os custos de "agir". Quando sua vida depende disso, o custo não importa, não é mesmo?

SER *INSENSATO* 43

O pioneiro em marketing para a internet, Mark Joyner, me contou a seguinte história insensata sobre seus primeiros dias no Exército:

> Eu trabalhava na inteligência militar e fui recomendado pelo comandante do meu batalhão para participar da Escola de Candidatos a Oficiais, OCS (Officer Candidate School). Em geral, quando alguém é selecionado pelo comandante do batalhão significa que vai conseguir entrar, afinal ele está colocando em risco sua reputação e carreira fazendo a recomendação. Apesar disso, o candidato tem que se submeter a uma burocracia que, em retrospecto, parece existir somente para testá-lo. Quem não passa nesse teste nunca vai chegar muito longe, porque como oficial é preciso lidar com uma série de entraves burocráticos muito mais complicados.
>
> Então, comecei a visitar as várias agências na base militar de Camp Humphreys da cidade de Anjung-ri na Coreia do Sul. É como qualquer outra base do Exército norte-americano, e eu dirigia de um lugar a outro, indo de agência em agência para recolher partes da papelada necessária. Onde quer que eu fosse, o sujeito encarregado me diria, por um motivo ou outro, que eu não atendia aos requisitos para frequentar a OCS, ou que eu simplesmente não podia ir até hoje; não sei muito bem a diferença de uma resposta para outra.
>
> Da primeira vez que isso aconteceu, eu tinha ido buscar a papelada original e o S1 do Batalhão (o administrador da burocracia, o jóquei da papelada) me disse com todas as letras: "Você não pode ir para a OCS." Eu respondi: "Acho que eu posso, sim — será que dá para me entregar os documentos?" Ele gritou de volta: "Não vou entregar a papelada porque você simplesmente não pode ir." Isso me irritou, por isso respondi: "Não quero criar confusão, mas essa decisão não cabe a você. Me dê, por favor, os papéis."
>
> Isso aconteceu várias vezes, e eu tive que repetir a mesma ladainha inúmeras vezes. Parei de contar na 37ª vez que ouvi a palavra "não".

Não sei quantas vezes passei por isso, mas finalmente entrei para a Escola de Candidatos a Oficiais, apesar de todas aquelas pessoas fecharem as portas para mim.

A cada vez que isso acontecia, eu tinha que ser mais e mais insensato do que esse pessoal, que argumentava com perfeita autoridade que eu sequer poderia frequentar aquela escola. Em casos como esses, ser insensato não só é uma boa ideia, mas é essencial para sua sobrevivência. Não fui insensato de propósito, simplesmente agi da única maneira possível.

Você é o responsável

Pessoas insensatas se veem agindo como se fossem responsáveis por tudo. Se não agirem assim, quem poderá garantir o resultado? Swan e Edison agiram como se fossem os responsáveis por levar luz barata e segura para o mundo. Patriotas americanos, como Samuel Adams e Paul Revere, arriscaram ser executados inúmeras vezes por resistir à Coroa Britânica e ao que consideravam "atos intoleráveis". Eles achavam que isso era responsabilidade deles. Nelson Mandela suportou 27 árduos anos de prisão porque não podia abrir mão de seu sonho de uma África do Sul livre. Nem quando sua liberdade foi oferecida em troca da renúncia ao conflito armado ele abandonou seus princípios, seu povo ou sua responsabilidade. Marie e Pierre Curie sacrificaram inconscientemente sua saúde e até mesmo suas vidas para compreender os segredos da radioatividade. Eles sabiam como seria importante salvar a vida de outras pessoas e consideraram o feito sua responsabilidade.

Talvez esse sentimento seja fácil de entender quando estamos lutando pela liberdade. Malcom X, o nacionalista negro da década de 1960, disse, em um discurso famoso:

É nosso direito sermos seres humanos, sermos respeitados como seres humanos, termos direitos de seres humanos nesta sociedade, neste planeta, neste dia, e pretendemos concretizar esse direito *de qualquer maneira.*

Mesmo em um contexto de negócios, o senso de responsabilidade pessoal pode nos levar a agir de forma que as "pessoas normais" considerariam insensata.

Afirma-se com frequência que os grandes vendedores não consideram a rejeição uma ofensa pessoal. São apenas negócios, não é você, certo? Isso não fez sentido algum; claro que existe envolvimento pessoal. Mas não importa quem seja — se for sua responsabilidade fechar a venda, você prossegue. Se for sua responsabilidade elevar os lucros e as receitas e manter sua empresa no jogo, você faz o que for necessário para alcançar esse objetivo.

Empresários normais e despretensiosos arriscam sua casa, seu futuro e até mesmo seus familiares pelo bem de seus empreendimentos comerciais. Embora ouçamos muito falar sobre os 62% de empresas norte-americanas que vão à falência todos os anos, não há estatísticas sobre os riscos que os proprietários assumem para manter suas empresas funcionando e não dispensar seus funcionários.

Aaron Feuerstein tornou-se herói nacional e um modelo de responsabilidade corporativa por causa das decisões que tomou mantendo-se firme diante das ruínas em chamas de sua fábrica têxtil de Massachusetts. Insensatamente, ele jurou reconstruir Malden Mills no mesmo lugar — embora outros locais fizessem mais sentido econômico. Ele continuou pagando os salários e os benefícios aos seus empregados durante o esforço de reconstrução. Suas ações salvaram centenas de empregos na comunidade e geraram lealdade sem precedentes à marca da empresa e dos empregados na indústria têxtil. (É surpreendente que a palavra *feuer* seja o equivalente em alemão para fogo.)

Apostando tudo

Líderes como Nelson Mandela, os Curie, Sam Adams e Paul Revere chamaram para si a responsabiliade de pôr em prática suas visões e sua responsabilidade, e estavam dispostos a arriscar suas vidas nisso. Aaron Feuerstein apostou a empresa para apoiar seu insensato senso de responsabilidade. Milhares de empresários apostam as hipotecas de suas casas e o futuro de suas famílias dia após dia porque acreditam que essa é sua responsabilidade. Afinal de contas, se não forem eles, quem lutaria para atingir as metas e, assim, construir um mundo melhor?

A criação é um ato de coragem e responsabilidade. Você está disposto a "apostar tudo" nas suas ideias? Sua visão está bem clara, suas metas são suficientemente convincentes? Sua própria disposição em arriscar tudo para alcançar a meta almejada poderá inspirar outras pessoas para que também atinjam a grandeza.

Chega de dias ruins

É normal supor que devemos ficar contentes quando as coisas estão a nosso favor e arrasados (ou pelo menos tristes) quando não estão. Afinal de contas, a felicidade é uma reação às circunstâncias, e se os eventos de determinado dia o deixarem triste, então esse dia é ruim.

A aclamada adestradora de cães Barbara Woodhouse tem um livro muito popular nos EUA chamado *No Bad Dogs*. Ela parte do pressuposto de que não existem cães ruins, apenas donos ruins com métodos ruins de adestramento. Da mesma forma, não existem cães bons, simplesmente donos bons com bons métodos de adestramento. Woodhouse acreditava que os cães propriamente ditos eram neutros, nem bons nem ruins.

Por mais insensato que pareça, de forma bem semelhante, não existem dias intrinsecamente ruins. Os dias propriamente ditos não são bons ou ruins; simplesmente são 24 horas de puro potencial, e são categorizados como bons ou ruins de acordo com as atitudes das pessoas que os vivem. Você possui 24 horas para alavancar da melhor maneira possível seu negócio. Basta se concentrar no resultado final.

Se você decidir que vai se sair bem e ser pragmático, produtivo e eficaz, independentemente do que acontecer, estará mais capacitado para lidar com qualquer mudança de sorte ao longo do dia. Talvez seja insensato pensar que todos os dias podem ser "bons", porque o consenso é que os dias em geral têm altos e baixos, uma combinação de momentos "altos" com outros não tanto. Existem circunstâncias externas, forças exteriores em ação — não é assim?

Não, não é bem assim. Principalmente se você escolheu ser responsável pelo seu dia de trabalho. George Bernard Shaw disse de forma eloquente na peça *A profissão da sra. Warren*: "As pessoas estão sempre culpando as circunstâncias pelo que são. Não acredito nas circunstâncias. Quem consegue vencer neste mundo são as pessoas que procuram as circunstâncias que desejam e, se não conseguem encontrá-las, criam-nas."

Decidir que este será um "bom" dia, que será produtivo e proveitoso, promissor e poderoso — que alavancará os negócios, gerará novos clientes, mais dinheiro, independentemente do "dia" em si —, este é o ponto de vista insensato. Assim que decidir apostar tudo, tenha em mente que você não tem nem necessidade nem tempo para ter dias ruins.

Viktor Frankl, autor de *Em busca de sentido*, era um médico e psicoterapeuta que viveu em campos de concentração nazistas entre 1942 e 1945, inclusive em Auschwitz. Frankl não só sobreviveu à brutalidade desumana dos campos, mas também manteve a sanidade e o senso de bem-estar assistindo muitos de seus companheiros prisioneiros serem mortos, imaginando o tempo todo como era possível que ele sobrevivesse. Frankl concluiu que o homem era capaz de prosperar e florescer, independentemente das circunstâncias à sua volta, desde que tivesse um senso pessoal de sentido e propósito.

"A única coisa que não podem tirar de mim é a maneira como escolho responder ao que estão fazendo comigo. A última das liberdades de alguém é escolher sua própria atitude em qualquer circunstância", escreveu Frankl. No fim das contas, tudo se trata de atitude, e a atitude insensata é que as coisas podem e vão ser favoráveis a você. Frankl mostra como nunca mais ter outro dia ruim. Significado. Propósito. Metas. E a crença no seu poder de escolher.

A sensatez, muitas vezes, é uma fantasia

Bill Gates, o presidente da Microsoft, é com frequência citado como sendo o autor da frase: "As pessoas sempre superestimam o que acontecerá no curto prazo e subestimam o que acontece no longo prazo." Acreditamos que Gates está correto, e imaginamos por que as pessoas fazem previsões tão conservadores quando se trata de seu próprio trabalho.

Os empresários tendem a ser bastante otimistas sobre sua própria capacidade de realização. Tendem a planejar em um vácuo e, assim, a ignorar os possíveis efeitos das forças externas, as consequências não-intencionais e as influências aleatórias do caos que surge em qualquer projeto complexo. Como resultado, ao fazer previsões pessoais sobre o que podem alcançar no mês ou no ano seguinte, a realidade consistentemente fica aquém de suas previsões na data de entrega de determinado projeto. Resumindo, eles superestimam, dando a impressão de fantasia. Esse tipo de otimismo pode ficar fora de controle. Existe até uma fórmula sarcástica usada para ajustar as previsões dos desenvolvedores de software para que não fiquem tão longe assim do alvo: use a estimativa de um programador, divida esse número pela metade, mas aumente para a próxima unidade de medida. Por exemplo, quando um programador disser que levará quatro dias para concluir um projeto, considere que serão necessárias duas semanas. Se ele disser seis semanas, converta o prazo para três meses.

Com o tempo, os empresários aprendem com suas experiências. Percebem que, independentemente de qualquer coisa, nunca alcançarão suas previsões e que o mundo, representado pelos professores na juventude e pelos chefes ou investidores quando envelhecem, sempre os punirá. Sendo basicamente inteligentes, controlam suas previsões e tornam-se conservadores. Essa é a parte pessimista da fantasia. De qualquer modo, quer sejam abertamente otimistas ou conservadores, tudo é inventado — nada disso se baseia na realidade.

Vamos considerar o futuro. Gates está certo ao afirmar que subestimamos o futuro. Por quê? Outra resposta complexa e paradoxal. Durante 50 anos, ouvimos previsões de futuristas e cientistas sobre avanços iminentes que revolucionarão nossas vidas, mas nossa experiência de curto prazo prova que a realidade nunca alcança o que foi previsto. Assim, com o tempo, damos um desconto nessas previsões, particularmente as mais dramáticas, e, por fim, não acreditamos mais que venham a se realizar.

Mas as previsões de vez em quando se tornam realidade — só que não no período de tempo inicialmente estimado. Os foguetes imaginados por Julio Verne se concretizaram, só que meio século depois do esperado. O comunicador de bolso do século XXI hoje é muito melhor do que o de Dick Tracy — o dele não tinha o GPS incorporado. Os notebooks, e até mesmo o palmtop, conferem aos usuários um poder jamais imaginado pelos cientistas da computação há 30 anos. E os avanços da medicina, como o sequenciamento de DNA para combater doenças graves, cirurgias realizadas sem bisturis afiados e órgãos artificiais criados sob medida — todos previstos na ficção científica da década de 1960 —, começaram a se tornar realidade. Só estão atrasados, nada mais.

Existem muitos aspectos diferentes envolvidos na previsão — curto e longo prazos, postura conservadora e otimista —, e cada um deles baseia-se em uma análise da fantasia que só está parcialmente fundamentada em informações reais e objetivas. Essas previsões são repetidas interminavelmente, dia após dia, até que sejam parte da consciência corporativa ou coletiva. Tornam-se "realidade". Tornam-se "razoáveis".

A fonte de ideias e informações que chamamos "razoáveis", ou sensatas, em geral, são outra maneira de chamar um potencial ou uma estimativa conservadora do progresso industrial. De qualquer forma, são baseadas principalmente em boatos e crenças despropositadas. As ideias que diariamente chamamos de razoáveis muitas vezes baseiam-se em ficção, não em fatos. Isso significa que é preciso ter maior controle da situação — é preciso compreender a verdadeira realidade do negócio.

A solução dos 10%

Vinte anos e US$40 bilhões. Estes são belos números redondos.

— Michael Dell, fundador da empresa Dell

Quando eu estava na faculdade de administração, aprendíamos, de forma bastante séria, que quando precisamos calcular uma taxa (seja do que for), 10% é um número seguro. Não por existir qualquer fundamento científico ou estatístico nisso, mas porque as pessoas quase sempre aceitam que 10% é sensato. Ninguém vai questionar. Não importa se esse é um valor muito acima ou abaixo do correto, pois ao estabelecer os 10% seus cálculos ganham uma aura de autenticidade, e os seus relatórios são aceitos. Trata-se de uma carreira de um profissional, não de uma fórmula

Com o tempo, vi as pessoas usarem 10% em seus cálculos sem que nenhum negócio esteja de fato respondendo — eu mesmo faço isso o tempo todo. É preciso usar um número — qualquer um serve — então, por que não usar um que não causará espanto? O único problema é que se trata de pura ficção, e quaisquer conclusões tiradas dali serão igualmente fictícias. É o mesmo que tentar encontrar uma resposta do nada.

Mentiras, mentiras deslavadas e estatísticas

Muitas pessoas, ao tentar se ancorar na realidade, acabam se valendo exatamente do oposto: estatísticas da mídia. Vamos esclarecer as coisas. Todos os tipos de mídia, sejam conservadoras ou liberais, de esquerda ou de direita, com comentários sociais ou empresariais, compartilham o mesmo modelo de negócios: conseguir leitores para suas publicações e aproximá-los de forma intensa e frequente dos anunciantes. Ao aceitar esta verdade, todo o resto começa a parecer falso na mídia. Os responsáveis por verificar os fatos nas publicações mais respeitosas aceitam provas fracas, e os indícios de veracidade geralmente são escassos. Na maior parte dos casos, tudo é diversão, exceto quando estão usando as supostas "estatísticas" para suas decisões de negócios.

Não tenho certeza a que Mark Twain se referia quando escreveu sobre "mentiras, mentiras deslavadas e estatísticas", mas seu ponto foi claro. É possível criar dados aparentemente factuais para sustentar qualquer argumento desejado, desde que eles sejam bem massageados. Podemos deixar os números de fora ou incluí-los em nossa linha de argumentação. Também podemos usar médias, medianas ou modos; ou, mesmo, distribuição quiquadrada, bayesiana, normal ou qualquer outra. Se nenhuma dessas técnicas funcionar, podemos mudar o enfoque das perguntas. Ou o tamanho da amostra; ou, mesmo, alternar entre questões de múltipla escolha, verdadeiro ou falso, ou do tipo "preencha as lacunas". Podemos selecionar opções para o consumidor lembrar de nossos produtos com ou sem auxílio, ou usar amostragens aleatórias para defender nosso ponto. Se não estiver satisfeito com nenhuma dessas opções, sempre é possível encontrar um especialista para dar sua opinião.

Talvez não saibamos exatamente o que tudo isso significa, mas conseguimos entender a mensagem. As estatísticas usadas pela mídia são tão fantasiosas quanto sua própria previsão do desempenho da sua empresa nos próximos 12 meses.

No início da minha carreira, eu trabalhava em uma empresa de pesquisa e estratégia de mercado e desenvolvia os parâmetros do projeto juntamente com um cliente que era executivo de uma grande fabricante de computadores. O resultado do projeto estava predeterminado: meu cliente queria dados para apoiar o que já havia sido decidido. O tamanho da amostra e a metodologia? Eram meros detalhes. O que importava era um conjunto convincente de estatísticas que pudessem ser usadas para fortalecer sua recomendação para a alta diretoria da empresa. As estatísticas podem sustentar seus argumentos ou acabar com eles. Podem ser usadas para embasar praticamente qualquer causa.

Isso não significa que eu seja contra as estatísticas, mas é preciso ter cuidado ao interpretá-las e saber qual é sua origem. Além disso, nunca, jamais devemos basear nossas conclusões sobre o que é ou não razoável no que outras pessoas consideram ser a realidade prevalente.

Benchmarks

Há muito tempo, quando mais coisas além de mesas eram feitas de madeira, um marceneiro marcaria com um V o comprimento de determinado objeto em qualquer borda livre de sua bancada, usando um instrumento afiado. Ele fazia isso para que o próximo objetivo — digamos a próxima perna da mesa — tivesse o mesmo tamanho. Isso passou a ser conhecido em inglês pelo nome de "benchmark", literalmente, uma marca na bancada. Hoje o mesmo termo é utilizado para fazer referência a um padrão objetivo em relação ao qual é possível medir desempenho.

A prática de benchmarking *parece* ser uma boa ideia, especialmente quando a empresa deseja definir um novo nível de desempenho e não está certa sobre que nível será esse. Com frequência, nos valemos de um marco de referência conhecido, como o desempenho do concorrente ou a média da indústria, para fazermos a comparação. Tudo isso parece sensato.

Só que não é. Em primeiro lugar, mesmo que os dados sejam precisos — e muitas vezes não são —, eles são tirados do contexto. Talvez saibamos quanto dinheiro a concorrência está gastando em seus esforços de marketing e façamos uma comparação com esse plano, sem compreender seu programa de remuneração de vendas ou o restante da sua estrutura de custos. Podemos fazer a comparação com um número calculado, a partir de dados da empresa que representam a receita por empregado, sem saber o capital necessário para manter sua estrutura, algo necessário para embasar os resultados.

Em segundo lugar, o próprio benchmark pode ser falso. Assim como as estatísticas obtidas pela mídia, valores de referência da indústria, muitas vezes, são publicados para promover determinado objetivo, e os referenciais da concorrência podem até ser errôneos. Imagine isso.

A mesma cautela utilizada para analisar as estatísticas da mídia vale para lidar com benchmarks externos. Podem ser dados valiosos para a formulação dos seus próprios planos de negócios, mas também podem ser totalmente absurdos, disfarçados com ares razoáveis, levando você e sua empresa por um caminho ladeado de cobras cascavéis.

Insensato não significa irreal

Insensato não é sinônimo de irreal. Não significa basear seu negócio em fantasia. Pelo contrário, funciona melhor quando você está ancorado na realidade.

Se quiser sustentar seu negócio em algo novo, ajuda muito realmente compreender o que aconteceu anteriormente. Se você pretende basear seu negócio no que é possível, precisa de uma maneira de compreender o que isso significa. Se acha que 73% de crescimento anual é possível, porque esta é a média da indústria, é bom saber se esses dados são realmente verdadeiros. Um grande número de más decisões de negócios baseia-se em dados falsos, enganosos ou até mesmo ridículos.

Há vários anos, um cliente desenvolvedor de software planejou fazer a transição para um mercado de nicho próximo ao segmento que ele já controlava. Em determinado nível, o avanço fazia sentido, pois os dois mercados utilizavam tecnologia de produção semelhante e exigiam um enfoque semelhante para o gerenciamento de dados. Perguntei à equipe gerencial o que a empresa esperava ganhar com essa mudança. Eles me ofereceram números relativos ao tamanho do mercado, a distribuição demográfica por receita e o grande segmento não-atendido que esperavam conquistar. A fonte dos dados tinha sido um "especialista do setor", que (supostamente) tinha obtido as informações de "fontes da indústria". Tudo parecia bastante razoável, exceto o fato de eu duvidar de suas avaliações. Acabei comprando em nome do cliente algumas informações do U.S. Census Bureau, o centro de recenseamento norte-americano, para saber quantas empresas estavam atuando naquele mercado e qual seu tamanho.

Ainda bem que eu fiz a pesquisa, porque, no final das contas, o cliente havia superestimado o tamanho do mercado em um fator de 4! Esse exagero malconcebido teria arruinado a empresa. Cuidado com o razoável.

Evite as melhores práticas

Existe outra fonte de aparente razoabilidade que leva as empresas a tomar decisões desastrosas: as melhores práticas. Elas baseiam-se na noção irreal de que um método que é eficiente para uma empresa de sucesso será igualmente eficiente para outra e conduzirá ao mesmo nível de sucesso. Evidentemente, esse pressuposto não leva em conta as diferenças de pessoal, o conjunto de habilidades de cada um, os produtos e a tecnologia subjacentes, as redes de distribuição, a fidelidade e o relacionamento da empresa com os clientes, além de centenas de outras variáveis.

Na verdade, não há quase nada que sustente o conceito de melhores práticas, a não ser como fonte de informação ou ponto de partida para o desenvolvimento de suas próprias ideias. Definir quais são as melhores práticas é tão ridículo quanto estabelecer que um só tamanho de roupa serve para todos. Não serve, e nunca servirá. É claro que existem diretrizes gerais para sabermos o que é certo ou errado em qualquer ramo de atividade, e pode ser interessante conhecer a lista do que já funcionou para outras empresas. Mas quais são as melhores práticas? Como um guia, pode funcionar. Mas como uma receita, definitivamente não.

Por que ser insensato é o mais "sensato"

O homem sensato adapta-se ao mundo; o homem insensato obstina-se a tentar que o mundo se adapte a ele. Qualquer progresso, portanto, depende do homem insensato.

— George Bernard Shaw

O que chamamos de sensatez — seguir passos já trilhados por outros, seguir as normas, alinhar-se com a sabedoria convencional, basear suas decisões nas estatísticas disponíveis, tudo na tentativa de produzir ótimos resultados comerciais — pode ser a maior loucura de todas. Na busca por lucros astronômicos e resultados brilhantes, a sensatez muito provavelmente nos levará à mediocridade. Como é possível que a sensatez gere qualquer outro resultado a não ser manter seus lucros na média do mercado, quando suas decisões são baseadas no mínimo denominador comum — da sua empresa ou de outras?

Em vez disso, seja insensato. Pode ser a única coisa "sensata" a fazer. Encontre novas formas de pensar, formas que vão além dos limites da normalidade, fora do senso comum e que talvez sejam até ofensivas aos figurões da sua empresa. A insensatez deve sempre tirá-lo do reino do comum.

Mas cuidado; insensato não significa idiota. Ser insensato não é garantia de sucesso, e uma ideia insensata ruim pode levar você tanto para a frente quanto para trás. Quando suas ideias fizerem sentido — o que significa que você acha que elas têm boa chance de funcionar melhor e de atingir o objetivo almejado —, elas não precisam ser coerentes com a história da empresa, só precisam fazer sentido naquele momento.

Desenvolva um senso concreto de realidade — o seu próprio, e de mais ninguém —, e baseie suas ações nisso. Desenvolva também um senso concreto do "agora" e use essa noção para determinar o que faz sentido neste momento. Faça o que for necessário para essa situação específica, e não para satisfazer restrições impostas às suas operações por causa de decisões tomadas há anos.

Agora que você decidiu que pode ser insensato, terá de descobrir qual será sua abordagem. Assim que tiver decidido pular da ponte, precisa ter certeza de que a água tem profundidade suficiente e que existe uma maneira de voltar à terra firme em algum lugar. É aí que entra em cena a estratégia. O objetivo da estratégia é selecionar e distribuir seus recursos de modo a proporcionar o melhor resultado possível para alcançar sua visão.

CAPÍTULO 3

ESTRATÉGIA *INSENSATA*

Por que a estratégia é importante?

Ser insensato é fazer o que é inesperado e imprevisível, e ir além do normal. A maior parte das pessoas pensa que a estratégia é "o grande plano" ou usa a palavra como sinônimo de ação.

Para pessoas insensatas, a estratégia não é nada disso. Os estrategistas insensatos sabem que as coisas mudam sem motivo e que, como a maior parte das pessoas age de forma irracional, não é realmente possível prever o que elas vão fazer. Os economistas gostam de falar sobre mercados eficientes e informações perfeitas; isso significa que todos obtêm as mesmas informações e que, como as pessoas são racionais, é possível prever as escolhas que farão. Essa realmente é uma ideia interessante, mas tem pouca relação com a realidade.

Os mercados são caóticos, os concorrentes são sorrateiros e dissimulados, os consumidores são ignorantes e irracionais e todo o ambiente de negócios é cercado por uma névoa de desinformação conhecida pelos nomes de promoção, publicidade e propaganda. Existe uma teoria de investimento chamada "random walk" que afirma que o movimento passado dos preços das ações não pode ser usado para prever preços futuros. Essa teoria pode ser aplicada também a quem participa do mercado. Uma vez que não sabemos ler pensamentos, não temos a mínima ideia de qual será o próximo passo das pessoas.

A máxima de Von Moltke

O general prussiano do século XIX Helmuth von Moltke disse: "Nenhum plano de batalha sobrevive ao primeiro contato com o inimigo", e ele estava certo. Von Moltke falava sobre o famoso "calor da guerra". Durante uma batalha, a fumaça do canhão e do rifle obscurece a visão que o comandante tem do campo, e o caos geral faz com que seja muito difícil prever os acontecimentos futuros. Mais importante que isso, von Moltke compreendia que o inimigo com quem estava lutando não era um ser estático, mas sim um grupo de seres humanos capazes de responder à altura, cujas ações ele não poderia prever com precisão. Ele sabia que os planos de batalha tinham que ser fluidos e plásticos. No espaço de uma hora ou um dia, novas táticas teriam de substituir as anteriores, e toda a disposição das tropas talvez precisasse ser refeita.

Não é possível saber o que vai acontecer, mas como não somos ignorantes e temos alguma experiência, ou pelo menos pensamos assim, tomamos decisões bem embasadas. Este é o cerne da estratégia. Como existe uma grande possibilidade de tudo mudar na hora da prática, a definição insensata de estratégia é

Selecionar e organizar recursos potencialmente escassos para melhor alcançar seus objetivos mais importantes.

Esta definição parte de alguns pressupostos.

Em primeiro lugar, pressupõe que alguns recursos são escassos, e para a maioria de nós realmente são. O tempo em geral é escasso, e com isso quero dizer que estamos sempre precisando de mais tempo do que efetivamente temos a nosso dispor. Para muitos empresários, o dinheiro é escasso. Quer seja no orçamento ou na conta bancária, normalmente queremos gastar mais do que temos disponível. Pessoas certas, com a experiência adequada, em geral também são raras. Para algumas empresas, os clientes são escassos. As matérias-primas podem ser escassas. Como podemos ver, a escassez, mesmo para aqueles com "recursos ilimitados", é uma forma de vida.

Em segundo lugar, essa definição pressupõe que temos objetivos concretos e importantes, mas, pensando bem, quem está lendo um livro como este, que promete soluções insensatas, provavelmente tem grandes objetivos a alcançar; objetivos tão grandiosos que não podem ser atingidos de forma fácil.

Em terceiro lugar, isso pressupõe que existe algo lá fora — seja um concorrente, um "inimigo" de algum tipo ou, talvez, algo mais abstrato como uma meta ou visão — para ser conquistado. Pressupõe ainda que seu objetivo, ou oponente, é mais poderoso do que você e pode até mesmo ter acesso a recursos ilimitados, ou pelo menos mais abundantes do que os seus.

Os guerrilheiros são o mais claro exemplo de estratégia em ação, e é por isso que Jay Conrad Levinson, autor de *Marketing de guerrilha*, escolheu esse nome para seu enfoque ao marketing. Os guerrilheiros combatem contra um inimigo maior, mais rico e mais bem equipado. Como eles não são bem equipados, desenvolveram métodos de combate que evitam o confronto direto e utilizam ao máximo os parcos recursos à sua disposição: mantimentos, armas, munição e tecnologia.

O combate em guerrilha envolve ilusão e emboscadas, em vez de confrontos maciços, assim como o marketing de guerrilha enfatiza táticas de marketing direto, marketing one-to-one e a propaganda boca a boca em oposição a promoções em anúncios ou redes. A guerrilha é mais bem-sucedida em terrenos irregulares e acidentados — muito parecido com os mercados de nicho. Emprega ataques-relâmpago em vez de batalhas prolongadas — como sua contrapartida comercial que realiza uma única campanha por tempo limitado e avalia os resultados. Cada uma dessas abordagens de guerrilha mostra como empregar recursos, como colocálos em ação, como entender o resultado e como reposicioná-los para o próximo combate.

Há um outro aspecto importante a ser comentado sobre a estratégia de guerrilha. Frequentemente discordamos de sua filosofia, seus objetivos ou metas, mas os guerrilheiros são sempre inspirados por um senso de possibilidade. Eles têm motivos contundentes que os levam a lutar. E não o fazem pelo salário, ou porque foram convocados à força, mas devido a um senso de propósito. Lutam por aquilo que acreditam ser uma vida melhor ou um futuro melhor para suas famílias. Em geral, estão tentando defender seu direito de controlar seu próprio país; alguns estão até mesmo tentando mudar o mundo.

Este é um aspecto muito importante a ser levado em conta, porque na história da guerra

Os guerrilheiros sempre vencem.

Possibilidade ou probabilidade

Estratégia é saber selecionar e dispor de recursos potencialmente escassos para melhor atingir seus objetivos mais importantes. Ao traçar a sua, o primeiro passo é descobrir quais são esses objetivos. Na hora de defini-los, é possível considerar o mundo em termos das oportunidades disponíveis e das possibilidades para o futuro, ou, então, podemos decidir o que é possível ser alcançado no mundo e procurar formas para que o projeto se torne realidade. E cada situação exige um enfoque para a elaboração da sua estratégia de negócios:

- Estratégia de fora para dentro, ou a Estratégia da Probabilidade
- Estratégia de dentro para fora, ou a Estratégia da Possibilidade

Estratégia de fora para dentro

A estratégia de negócios tradicional é a estratégia de fora para dentro. A principal ferramenta que as empresas tradicionais utilizam para auxiliar nesse tipo de pensamento chama-se SWOT (pronuncia-se, em inglês, swat); este é um acrônimo formado a partir das iniciais de *strengths, weaknesses, opportunities* e *threats*, ou seja, pontos fortes, pontos fracos, oportunidades e ameaças.

O processo SWOT baseia-se no exame de dois grandes grupos de fatores. O primeiro consiste no ambiente no qual atuamos, incluindo clientes no mercado, concorrentes, reguladores, disponibilidade de materiais, o estado da tecnologia e assim por diante. Isoladamente ou combinados, esses fatores oferecem oportunidades para serem aproveitadas e ameaças a serem evitadas. O outro conjunto de fatores é sua situação interna — seus pontos fortes e fracos —, incluindo o dinheiro disponível no banco, os clientes existentes, sua posição de mercado, a capacidade da sua equipe, a propriedade intelectual, sistemas e processos disponíveis etc.

Combinando as oportunidades e ameaças percebidas no ambiente externo com os pontos fortes e fracos identificados na sua situação interna, é possível elaborar uma série de estratégias para capitalizar as oportunidades ou diminuir as ameaças.

O SWOT funciona e, quando realizado adequadamente, pode ajudar você a obter o máximo de retorno sobre seus recursos. Além disso, como o SWOT é uma maneira sistemática de ver o mundo, podemos enxergar oportunidades a serem capitalizadas. É uma forma muito razoável de organizar seus recursos.

O SWOT apresenta uma série de estratégias com base nas probabilidades. Por definição, analisa o que já existe e permite que aproveitemos ao máximo uma série de elementos em ação.

Estratégia de dentro para fora

A outra maneira de elaborar uma estratégia é criando-a de dentro para fora — chamada Estratégia da Possibilidade. Essa abordagem baseia-se não em oportunidades apreendidas com o estudo do mercado, mas na visão, no propósito, nas metas e nos sonhos da sua organização. A pergunta fundamental é "O que você está tentando realizar no mundo?".

O que a sua empresa considera uma possibilidade que *precisa* ser realizada? A Estratégia da Possibilidade começa com esta questão como ponto de partida e prossegue daí. Funciona tão bem que as pessoas que a adotam têm verdadeira compulsão por realizações.

A Estratégia da Possibilidade envolve apostar razoavelmente tudo para gerar algo importante, quer seja em nível pessoal ou global, quer seja para o mundo. Evidentemente, ainda é preciso fazer escolhas sobre como garantir e aplicar seus recursos. No entanto, isso é feito de uma perspectiva diferente — baseada na inspiração, não na observação.

A estratégia SWOT baseia-se no passado. Busca capitalizar-se nos sucessos passados da empresa, tudo o que levou até o estado atual. Sim, funciona, mas raramente gera resultados espetaculares. É uma estrutura mental que foi criada para promover a conservação e o incrementalismo. E funciona dessa forma porque envolve, principalmente, repetir o passado, tirar proveito da situação atual e reparar mecanismos que falham.

Não há nada de errado com essa abordagem, e as empresas que obtêm de 5 a 15% de lucro ao ano podem alcançar estabilidade e altos retornos para seus proprietários. Isso é verdade, mas sempre chega a hora em que as abordagens que antes funcionavam começam a ruir. Ao longo dos anos, passam a produzir retornos cada vez menores e, por fim, negativos. Nos mercados acelerados, o tempo até o fracasso pode ser escasso de fato. Tente competir contra o Google.

Fazendo novamente uma análise da indústria automobilística norte-americana no início da década de 1970, vemos a estrutura de negócios altamente lucrativa e bem desenvolvida que efetivamente inventou o conceito de SWOT. Ano após ano, esse setor ajustou seu enfoque comercial, com pequenos acertos aqui e ali e lucros anuais em crescente expansão. Em determinado momento, a indústria automobilística *era* a indústria norte-americana. Havia até o slogan "O que é bom para a General Motors é bom para os EUA". Isso vigorou até o primeiro choque do petróleo, seguido pela rápida incursão das importações de carros asiáticos. A indústria automobilística norte-americanana nunca se recuperou; certamente, perdeu participação de mercado, número de empregados e lucros, enquanto os adeptos das possibilidades, como Soichiro Honda e Kiichiro Toyoda rapidamente expandiram suas empresas.

A Estratégia da Possibilidade parte do propósito e da visão da empresa, e estabelece um conjunto de metas mensuráveis. Em alguns casos felizes, essas metas se combinarão com as oportunidades que já estão aparentes no mercado, na sociedade ou na tecnologia, porque é assim que pensamos.

Você já percebeu que Hollywood tende a lançar dois ou três filmes por ano sobre o mesmo assunto, ao mesmo tempo? Ou que, trabalhando de forma independente, dois ou três cientistas no mundo inteiro publicam dentro de um intervalo de dias ou semanas diferentes resultados experimentais abordando praticamente os mesmos problemas? Pode ser coincidência, ou pode ser o que a psiquiatria e o filósofo Carl Jung chamavam de sincronicidade.

Tendemos a visualizar e definir metas que já fazem parte do inconsciente coletivo. Ao mesmo tempo, as oportunidades tendem a aparecer em situações que antes não eram claras. Isso não significa que não estavam lá; simplesmente significa que não tínhamos condições de vê-las, principalmente porque não estávamos procurando por elas.

Não sabemos o que não sabemos

Quando sequer sabemos que algo existe, não sabemos o que não sabemos. Pode parecer bobagem de início, mas merece consideração:

Não sabemos o que não sabemos.

Se não temos consciência de algo, não sabemos que não sabemos nada a seu respeito. Se não sabemos que estamos procurando algo, não só não sabemos o que procurar, como também não sabemos sequer procurar. Não podemos fazer as perguntas certas sobre algo que desconhecemos. Não sabemos sequer que existem perguntas a serem feitas!

Assim, evidentemente, não é possível ver as oportunidades, porque, mesmo se estivesse olhando diretamente para elas, você não as reconheceria como tal. As oportunidades são como vírus — só que de forma positiva. Os vírus têm receptores que permitem sua ligação com células que possuem receptores opostos. Assim como um pino quadrado não se encaixa em um buraco redondo, um vírus com o receptor errado não pode se ligar a uma célula que não combina. No entanto, no caso do vírus, ele nem mesmo "vê" a célula hospedeira não equivalente; ele é atraído somente para aquelas que podem fazer a ligação.

O mesmo acontece com as oportunidades. Quando determinada organização expressa visão e propósito claros e convincentes, pode começar a se conscientizar das oportunidades existentes no mercado que antes eram invisíveis. Assim que tomamos conhecimento de algo, podemos aprender mais. Mundos inteiros tornam-se disponíveis. Assim que decidimos que essa coisa, visão ou propósito se tornou nosso destino, tudo se destaca em alto relevo, tornando-se perceptível para que seja usado de forma vantajosa. Começa a parecer que as coisas foram arranjadas dessa forma para sua conveniência pela "mão invisível" de Adam Smith.

William Hutchinson Murray, autor de *The Scottish Himalayan Expedition*, queria subir o Himalaia como parte de uma expedição que alguns amigos estavam organizando. Recém-formado por Oxford, ele não tinha recursos para viajar e achava que, em vez disso, devia procurar um emprego. Seus amigos continuaram a atormentá-lo insistentemente e durante meses ele ficou indeciso — será que devia ir ou ficar? Segundo o relato de Murray, houve um momento em que ele percebeu no fundo do coração que era um aventureiro e que essa viagem era seu destino. Ele decidiu partir, descrevendo a situação da seguinte maneira:

> Até o momento em que nos comprometemos com algo, existe hesitação, a chance de voltar atrás, a constante ineficácia. Com relação a todos os atos de iniciativa (e de criação), existe uma verdade elementar que, se for ignorada, acabará com inúmeras ideias e planos esplêndidos: afinal, no momento em que nos comprometemos definitivamente com algo a providência também age. Toda uma série de eventos é desencadeada pela decisão, concretizando a nosso favor toda sorte de incidentes, imprevistos, encontros e ajuda material que jamais poderíamos ter sonhado.

A experiência de Murray, embora poética, não é única. Pode funcionar assim para você também. Sua visão pode se tornar tão clara que o caminho para realizá-la pode aparecer de repente para você, como uma pista de pouso que, de repente, se ilumina com a aproximação do piloto.

Mas nem sempre é assim. Para a maioria dos empresários, os avanços acontecem, primeiro, na imaginação, bem antes de todo o resto. Ao final é tudo claro como cristal, mas o caminho para alcançá-lo é totalmente barrento. A única coisa conhecida é que deve haver um caminho, e eles vão encontrá-lo.

Se houvesse um jeito...

Muitos empresários lamentam "Não há como..." e deixam-se abater por esta pequena frase. Durante anos, em nossa prática de Aceleração de Negócios, dizemos aos clientes:

> Realmente, sei que não existe como fazer isso. Mas, se houvesse um jeito, qual seria?

Na verdade, sempre existe um jeito, mas se você fechar sua mente com o pensamento de que não pode vencer, nunca conseguirá. Assumindo a perspectiva insensata: "Se houvesse um jeito, qual seria?", podemos começar a descobrir ou a inventar esse jeito.

Os Estrategistas da Possibilidade pressupõem que existe sempre um jeito; só que eles ainda não sabem qual é. Segundo eles, sempre existem oportunidades a serem descobertas, recursos a serem adquiridos, ideias esperando para surgir em suas mentes. Simplesmente ainda não aconteceu. Ao se estabelecer visão e propósito lúcidos, juntamente com um conjunto de medidas para sua realização, a atenção da empresa estará centrada em encontrar elementos que sejam necessários para sua realização.

Não confunda isso com um ponto de vista de Poliana. Não esperamos que o mundo será bom para nós simplesmente porque queremos algo com muita intensidade. Em vez disso, acreditamos no ponto de vista que sugere de que o mundo está repleto de oportunidades, recursos, ideias e pessoas dispostas a participar. Suas boas ideias podem inspirar outras pessoas a agir, aderindo à sua causa, como afirma Murray, "concretizando a nosso favor toda sorte de incidentes, imprevistos, encontros e ajuda material que jamais poderíamos ter sonhado".

Os Estrategistas da Possibilidade, pessoas como Steve Jobs da Apple, Bill Gates da Microsoft e o fundador da Sony, Akio Morita, começaram com a ideia e o pressuposto de que essas coisas — o que quer que sejam — são possíveis. E só então montaram equipes a fim de descobrir como torná-las realidade.

Akio Morita, um dos dois fundadores da Sony Corporation, tinha a meta de dominar a indústria de eletrônicos ocidental. Este é um exemplo de Meta de dentro para fora, se é que existiu, e certamente não se baseou em análises SWOT afirmando que era possível. Bill Gates expressou sua visão da seguinte forma: "Um computador em cada mesa e em cada casa", algo bem complicado naquela época diante do altíssimo preço de computadores de grande porte em meados da década de 1970. Steve Jobs e seu sócio, Steve Wozniak, começaram com uma pergunta: "O que quero que o computador seja para mim?" Certamente não estavam procurando respostas para esta pergunta no mercado. Mais tarde, depois que o Apple II tinha estourado, se perguntaram: "Por que os seres humanos precisam memorizar tudo?" Isso os levou a buscar o que passou a ser chamado de *GUI*, ou interface gráfica do usuário, que foi apresentada a eles pela providência na forma da interface de usuário do Xerox Star, na época adaptada pela Apple no Centro de Pesquisas da Xerox em Palo Alto.

Às vezes, as ferramentas necessárias para realizar uma Estratégia de dentro para fora já existem. Às vezes, precisam ser inventadas. Não importa; a visão e as metas da Estratégia de dentro para fora impulsionam sua organização a encontrá-las. Essa é a fonte dos avanços.

Os avanços baseiam-se em um senso de missão ou propósito prioritário

É claro que os avanços podem acontecer por acaso. Uma oportunidade capaz de dar um rumo inteiramente novo à sua empresa pode aparecer de uma hora para outra. Descobertas podem acontecer no laboratório, pode haver mudanças nas tendências de mercado e ocorrer eventos no cenário mundial, cada um dos quais pode cair no seu colo com um lindo laço de fita, esperando apenas que aproveitemos a situação.

Certo?

Bem, sim — acontece todos os dias e pode ser exatamente isso que você está querendo.

No entanto, os verdadeiros avanços — as mudanças descontínuas e inovadoras que permitem vencer os concorrentes e transformar o seu negócio da noite para o dia — não acontecem sem algum tipo de preparação. E essa preparação requer escolher o caminho certo.

Enquanto a IBM desenvolvia um computador pessoal depois de ter sido forçada a fazê-lo por muitos pequenos fabricantes, a Microsoft de-

68 SEJA INSENSATO

tinha o controle sobre um sistema operacional que possibilitaria que todos utilizassem esse computador. Embora nem todo mundo concorde, essa foi uma combinação perfeita. Bill Gates convenceu a IBM a licenciar o sistema operacional DOS da Microsoft para uso em seu computador pessoal de tal modo que foi tremendamente vantajoso para o futuro da Microsoft. Como a licença era não exclusiva, a Microsoft permitiu que outros fabricantes usassem o sistema operacional também. No entanto, essa oportunidade — por mais improvável que pareça, pois a IBM poderia ter rejeitado e recusado a oferta — estava completamente alinhada com a Estratégia de dentro para fora de Bill Gates. Gates negociou bem os termos do negócio porque tinha uma visão a alcançar, e o acordo com a IBM, embora extremamente importante, era apenas parte do que ele vislumbrava.

Em uma escala menor, um cliente meu que era dono de uma pequena editora tinha uma Meta de dentro para fora de vender sua empresa por US$ 20 milhões. Ao longo de três anos, ele buscou oportunidades de todos os tipos com sucesso modesto, mas sem a dramática ascensão de valor necessária para alcançar sua meta. Em determinado momento, sugeri a ele que uma fusão inversa com uma empresa negociada em Bolsa permitiria que ele aproveitasse o boom da internet sem passar pela demorada oferta pública de ações. Praticamente de um dia para o outro a empresa perfeita apareceu, e logo um acordo foi fechado. Houve algumas dificuldades iniciais, mas 12 meses depois meu cliente conseguiu vender suas ações na empresa e realizar seu sonho.

A Estratégia de dentro para fora, a Estratégia da Possibilidade, começa com uma ideia sobre como tornar seu sonho realidade, embora o início seja cheio de incertezas. O primeiro passo é converter "Eu não sei" em "Ainda não sei" seguido de "Logo saberei". Essa transformação nos permite vencer. Sem isso, não conseguimos avançar.

Desenvolver sua estratégia de negócios com base nos valores, na visão e nas metas da empresa permite reunir todos os elementos necessários com base no pressuposto de que tudo estará disponível quando chegar a hora. Isso permite focar nossa atenção e buscar oportunidades que promovam a consecução dos nossos objetivos, descartando tudo que não for relevante para atingi-los.

Pense nisso como a síndrome do carro vermelho. Compre um carro vermelho e você verá carros vermelhos em toda parte. Compre um conversível azul em vez disso e, de repente, passará a percebê-los nas ruas. Recentemente, minha família comprou um modelo inteiramente novo de carro, com um design arrojado e inovador. Era o primeiro modelo daquele tipo que eu tinha visto e achei (ingenuamente) que tínhamos o único carro assim na cidade. No terceiro dia com ele, vi dois modelos iguais, um deles era da mesma cor. Evidentemente, agora eu os vejo aonde quer que eu vá. Embora provavelmente hoje em dia existam mais modelos em circulação do que quando eu o comprei, o verdadeiro motivo pelo qual os percebo é porque tenho um igual. Meu cérebro está programado com ele. Tenho uma conexão emocional com o carro propriamente dito, e hoje consigo notá-los, o que não acontecia antes.

Defina seus objetivos procurando soluções para um problema específico e formas de realizar as metas de expansão de sua empresa e "toda sorte de incidentes, imprevistos, encontros e ajuda material que jamais poderíamos ter sonhado" de repente se tornará visível.

Ainda encontramos oportunidades disponíveis no mundo. A diferença é que, em vez de ver uma oportunidade e agarrá-la porque acredita que sua empresa poderá aproveitá-la — usando a Estratégia de fora para dentro —, você decide o que deseja realizar. Em seguida, vai à luta, procurando maneiras de tornar o sonho realidade.

Este é o caminho insensato.

Por que é tão eficaz? Quando estamos simplesmente seguindo o que nos parece ser boas ideias, tendemos a abandoná-las diante de qualquer obstáculo. Quando as coisas ficam difíceis, essas ideias antes atraentes não parecem mais tão brilhantes. Quando sua empresa baseia-se em uma visão, você, sua equipe e seus acionistas — todos — estão mais motivados a assumir riscos, a agir, a procurar ir além do óbvio, a abandonar

70   SEJA INSENSATO

rotinas antigas e obsoletas — tudo isso impulsionará seu negócio e permitirá a superação de obstáculos e dos concorrentes para criar avanços.

Tom Broughton passou toda a sua carreira no setor bancário de Birmingham, no estado norte-americano do Alabama, e em 2005 ele lançou o ServisFirst. Esse banco se autointitula banco urbano, o que é um tanto paradoxal: atendimento personalizado para servir uma comunidade combinado com grandes produtos bancários de alta tecnologia. Broughton é conhecido por oferecer atendimento insensato, que ele solidificou como co-fundador e presidente do First Commercial Bank. Quando decidiu criar o ServisFirst, usou essa reputação para elaborar uma estratégia de financiamento única e insensata. Muitas pessoas queriam investir no seu novo banco, mas precisavam atender aos requisitos estabelecidos. "Só iremos vender ações para correntistas do banco", afirma Broughton. Para se qualificar como investidor do ServisFirst, também era preciso fazer depósitos de pelo menos sete vezes a quantia direcionada para investimento. Ninguém nunca ouvira falar dessa estratégia. As pessoas ficavam indignadas e diziam a Broughton que ele não podia agir assim — simplesmente não era daquele jeito que as coisas funcionavam. Ele diz: "Não era comum, e muitos achavam que não estava certo. No sul dos EUA, somos sempre comedidos. Acharam que era um tanto ousado demais."

Mas é isso que fazem os insensatos: eles fazem coisas que não são feitas "desse jeito". E sabem que ótimos resultados não acontecem condescendendo com as preocupações de terceiros sobre o que é comum e regular. Mas Broughton descreveu sua estratégia de forma menos confrontacional, e começou a chamar seu empreendimento de banco cooperativo. "Esta é uma ótima palavra (...) *cooperação*", afirma Broughton. "Qualquer produto ou serviço pode ser posicionado de forma a gerar uma reação nas pessoas, e nós simplesmente chamamos isso de cooperação."

No final das contas, os investidores estavam realmente dispostos a cooperar. Queriam investir seu capital com Broughton; acabaram cedendo às suas exigências, e ele faturou alto. A estratégia compensou muito bem. A história de sucesso inclui a abertura do ServisFirst Bank com a maior capitalização inicial de qualquer banco já formado no estado do Alabama, e seu crescimento tem sido o maior da história bancária da região: dez vezes seu tamanho em ativos desde que abriu. Além do mais, em geral, um banco típico precisa de dois a três anos para se tornar lucrativo — às vezes até mais. Devido à sua estratégia de financiamento, o ServisFirst auferiu lucro em seis meses.

Não satisfeito com o sucesso de uma grande ideia, Broughton e sua equipe implementaram uma nova estratégia, segundo a qual só se pode ser

> cliente do seu banco caso esteja disposto a ser cliente exclusivo. O argumento é o seguinte: ServisFirst leva seu nome a sério; nossa missão é oferecer atendimento superlativo. Entretanto, esse serviço de alta qualidade só pode ser oferecido àqueles com quem estabelecemos um relacionamento de alta qualidade, o que significa exclusividade. Portanto, esses serão nossos únicos clientes. Broughton afirma ainda: "Só negociamos nesses termos e, com isso, criamos um senso de raridade, algo que não se pode fazer com frequência no setor bancário. Se puder dar essa aparência de raridade, conseguirá obter margens de lucro extraordinárias. Foi isso que nos permitiu transformar uma *commodity* em um relacionamento."

Enxergando o final no início: o Método Merlin

Assim que criar uma Estratégia de dentro para fora, seu próximo passo será descobrir como transformá-la em realidade.

O enfoque razoável e sensato usado pela maioria das pessoas é começar do início e seguir rumo ao fim. Essa estratégia pode funcionar, mas não dará certo se você não souber para onde está indo. Como saber por onde começar, qual será o próximo passo? Quem pensa dessa forma cria planos que são difíceis de executar e que realmente não fazem sentido algum.

O enfoque insensato ao planejamento de negócios começa pelo fim e avança em direção ao início. Esse método, às vezes, é chamado de "Visualização do Desfecho". Eu o chamo, de forma menos técnica, de Método Merlin.

Trata-se daquele Merlin, o mago lendário que desempenha um papel importantíssimo nas histórias de Camelot e do Rei Artur, baseadas em um senhor feudal bretão do século V. Uma das lendas mais extraordinárias que cercam Merlin é que ele começou sua vida velho e ficava cada vez mais moço. Isso o tornava um feiticeiro perfeito, porque tudo que estava no "futuro" era, na verdade, parte do passado de Merlin.

Esse enfoque recebe o nome de Merlin porque ajuda a formular um plano de ação analisando inicialmente o fim do processo. Merlin é usado para criar um plano partindo do final para o começo. O Método Merlin funciona permitindo que "vejamos" os resultados da Estratégia da Possibilidade. Isso é fácil de fazer porque você já aceitou a possibilidade de existência dessa estratégia — agora sabe que pode acontecer, mesmo se não souber como. Comece visualizando o fim de um longo processo no tempo, em algum momento no futuro, quando os resultados finais dessa Estratégia da Possibilidade já tiverem sido alcançados. Que tipo de efeito essa estratégia terá? Que produtos estarão disponíveis? Quantos clientes você terá? Que participação de mercado caberá à sua empresa? O que isso vai representar em termos de posicionamento? Que efeito terá no seu valor de mercado ou no preço das ações de sua empresa?

Faça as perguntas que considere relevantes para essa possibilidade específica. Não há uma lista definida; a ideia é tornar todo o processo mais real, entrar no clima para concretizar sua estratégia e começar a pensar sobre o caminho para chegar lá.

Existem outras questões interessantes para ajudá-lo a focar:

- Quais recursos foram necessários para implementar essa estratégia?
- Onde a sua empresa obteve esses recursos?
- O que você pensa sobre sua empresa agora que alcançou esse objetivo?
- O que você pensa sobre o mercado depois que atingiu essa meta?
- Que tipo de produto ou serviço pode ser lançado a partir de agora?
- Como saberá quando alcançou essa meta?

Em seguida, comece a trabalhar do final para o começo. É um processo simples e é mais bem realizado com mais alguém, ou talvez com a equipe inteira. Faça com que a conclusão — o resultado desejado — seja o marco final na sua linha do tempo. Agora lembre-se da última medida significativa que tomou *logo antes* desse ponto. (Você, certamente, vai lembrar o que aconteceu imediatamente antes do seu sucesso, não é?) Que atitudes foram tomadas? Que recursos foram necessários para essa etapa: ferramentas, materiais, formulários, informações e pessoal?

Então, faça outra pergunta: "O que precisou acontecer logo antes disso?" Para cada resposta, considere como aquele objetivo foi alcançado. Quais são os detalhes, que decisões precisaram ser tomadas, que tipo de pessoal ou equipe a implementou, que recursos foram necessários para alcançar essa etapa ou fase do plano?

Continue a repassar os acontecimentos como se estivesse assistindo um videoteipe do processo do final ao começo. Congele cada quadro, conforme necessário, e anote cada detalhe. Continue em frente, sempre perguntando: "O que precisou acontecer logo antes disso?" Cada resultado significativo tem uma ação importante que a precedeu, e cada ação importante tem um resultado que a precedeu. Construa seu plano um passo de cada vez, de trás para a frente, do futuro para o presente. Continue avançando para trás até chegar ao presente e ao seu primeiro passo.

Quando terminar, avance seu videocassete mental e reveja o processo do início ao fim. Avance e observe o plano se revelar diante de si. Isso não significa que ele será perfeito; planos insensatos raramente são. Mas é um plano que colocará você no caminho para alcançar suas metas.

Um dos meus clientes era uma empresa sonolenta, porém lucrativa, que vendia software de gerenciamento de registros especializado para o governo federal. Os proprietários estavam lucrando bem ano após ano, mas estavam cansados e decidiram que era hora de vender o negócio. O único problema foi que, embora a empresa fosse lucrativa, os proprietários só conseguiriam vendê-la por um modesto múltiplo desses lucros, correspondente ao lucro de três anos antes, pois não era atraente nem crescia em ritmo acelerado. Começamos um processo aos moldes do Método Merlin com a alta diretoria e desenvolvemos um cenário hipotético no qual a empresa se reposicionava em dois nichos de mercado com ganhos significativos de participação de mercado. Na imaginação coletiva dos membros da diretoria, a empresa agora tornou-se atraente para uma oferta pública de aquisição.

Os diretores trabalharam do final para o começo. Desenvolveram um plano inteiramente novo para reaplicar os lucros em uma maciça campanha de marketing e vendas em busca de clientes especializados e oferecendo produtos e serviços mais personalizados. Até mesmo deram novo nome ao produto, para separá-lo das ferramentas genéricas pelas quais a empresa era conhecida. Reintegrada, toda a equipe mergulhou de cabeça no processo, e em nove meses — bem menos do que o tempo planejado para o projeto — a empresa recebeu e aceitou uma oferta muito acima da avaliação original do primeiro investidor.

Estabelecer sua estratégia do futuro pode parecer insensato. Pode parecer uma viagem fantástica para as pessoas que se consideram práticas e sempre embasadas em "fatos". No entanto, o verdadeiro fato é que seguindo sempre e sensatamente o mesmo plano, procurando por oportunidades concretas que enxergamos hoje, no presente, chegaremos a retornos abaixo do esperado e a avaliações abaixo do mercado.

Seguindo a liderança de Merlin e partindo do futuro para chegar ao presente, você terá boas chances de levar sua empresa para as alturas.

Por que o pensamento de trás para a frente funciona?

Edward de Bono, especialista em criatividade e autor do aclamado *O pensamento lateral* explica nosso Método Merlin da seguinte maneira: é baseado no princípio de sistemas assimétricos. Pense na árvore do tronco até a folha. Agora pense na mesma árvore da folha até o tronco. Entende como essas duas dimensões são diferentes em sua mente? Esse é o sistema assimétrico. Funciona assim: o principal problema com o enfoque "normal", de frente para trás, do início ao fim, do problema à solução, é que acabamos pegando muitos atalhos que são fáceis de entrar, mas muito difíceis de sair. Na maior parte dos casos, esses atalhos não geram nada valioso. Mas se seguir o caminho contrário, de trás para a frente, o caminho é muito linear e lógico. Pense novamente na árvore. Os ramos da árvore, depois nas ramificações dos ramos e assim por diante. Se tiver uma formiga no tronco da árvore, quais as chances dela encontrar seu caminho até determinada folha? Com todos os ramos, as chances diminuem em 1 dividido pelo número de ramos. Uma árvore média oferece a uma formiga média a chance de 1 em 8.000 — uma probabilidade não muito boa de encontrar uma solução para o seu problema ou uma estratégia que gere os resultados desejados. Mas, e se você começar com a formiga em uma folha — qualquer folha? Quais são as chances de chegar até o tronco agora? Muito melhores; na verdade, as chances são de 1 em 1, ou 100%. Não há possibilidade de desvio, nenhum ramo falso. Aliás, esta também é a explicação do humor, afirma de Bono. Quando damos esse salto mental, a explicação torna-se óbvia e evidente — e não conseguimos imaginar outro desfecho. No início da piada, no entanto, o final é inimaginável; o humor é um sistema assimétrico. E o mesmo acontece com Merlin.

Algo que vale a pena realizar

O próximo passo neste caminho insensato é abandonar as metas de "pontos percentuais" e estabelecer objetivos que valham a pena buscar. Sempre que recebo uma chamada de alguém que deseja contratar minha empresa para ajudá-lo a acelerar seus negócios, a primeira questão que levanto é exatamente o que a empresa pretende alcançar. Se tiver metas modestas, não há motivo para nos contratar. Mesmo se conseguir alcançá-los, metas modestas nunca serão satisfatórias. Não para a gerência, nem para os subordinados, nem para os proprietários, nem para os investidores.

As pessoas têm metas modestas porque estão limitadas por suas experiências. Acreditam que podem realizar apenas A e B, porque no passado só realizaram Á e B. Crenças assim se tornam profecias que se autorrealizam. Essas pessoas, automaticamente, pisam no freio quando alcançam seus limites autoproclamados.

Quem se prende à noção de que algo será tão bom quanto já foi no passado tem dificuldades em ser melhor. Só conseguirá avançar até onde achar que pode, e isso pode ser bem menos do que ele efetivamente é capaz de realizar.

A velha anedota sobre treinamento de elefantes ilustra este ponto. Amarre um filhote de elefante a um poste com uma corda curta, mas firme. Tudo que o filhote consegue fazer é andar em um pequeno círculo à sua volta. Depois de passado tempo suficiente, podemos tirar a corda, porque o filhote continuará sentindo como se ela o estivesse prendendo.

As pessoas são iguais, a não ser pelo fato de que, sendo mais inteligentes do que os elefantes, aprendem de forma muito mais rápida. As pessoas inteligentes podem aprender com apenas uma repetição, o que significa que mesmo uma experiência ruim pode mantê-las presas ao tronco de castigos pelo resto da vida. Isso sim é ideia fixa! A mente dos proprietários e diretores de empresas estão repletas de histórias "factuais" sobre suas próprias limitações e as de suas empresas e de como essas limitações se revelam ano após ano.

Para ajudar determinada empresa a superar essa ideia fixa é preciso botar a imaginação do pessoal para funcionar e fazê-los considerar o que é possível em oposição ao que é provável. Eu sempre faço esta pergunta a eles: "Vocês querem entrar no jogo?"

Chegar às metas que valem a pena — metas que atraem você — é um jogo. Metas assim não estão disponíveis. Não estão à espera de você como conchas à beira da praia. É preciso criar metas que valham a pena. É preciso investir nelas — às vezes, partindo do nada.

Vamos usar como exemplo a dona de uma empresa modesta de US$ 1 milhão. Pergunte o que ela deseja e a resposta será algo do tipo "crescer mais rápido". Eu pergunto o que ela *realmente* deseja. Em geral, a resposta é mais dinheiro. Qual foi o maior volume de dinheiro que já obteve em um único ano? Talvez incline a cabeça e diga "Só consegui fazer US$ 200 mil". Claro, US$ 200 mil não é um valor desprezível. Esse montante a colocaria entre 1% dos que mais ganham dinheiro no mundo. Entretanto, se em determinado momento essa mulher considerasse ganhar US$ 2 milhões por ano — e ela nunca chegou perto disso e não acredita que chegará —, ia se sentir envergonhada. Você também devia se sentir assim. Para o bem ou para o mal, nossas expectativas nos dominam, junto com nosso senso de limite. Se ela quer que a receita anual cresça, terá de mudar sua forma de pensar. Por quê? Porque US$ 200 mil é o máximo que sua mentalidade atual lhe permite alcançar. Se quiser chegar aos US$ 2 milhões ao ano, ela terá que pensar em US$ 2 milhões, o que a leva a tomar atitudes de US$ 2 milhões. É preciso forçá-la a agir.

A outra solução dos 10%

O que às vezes impede as pessoas é o que chamo de mentalidade de 10%. Ou seja, elas pensam em termos de ganhos pequenos e comedidos. Pensar assim, em geral, é resultado de trabalhar em grandes empresas.

Nessas empresas, a maior parte dos empregados não consegue um aumento de mais de 10% e muitas vezes o valor é bem menor, independentemente do seu talento ou da qualidade do trabalho realizado. Assim, 10% torna-se um teto aplicado pelos empregados, não só aos salários, mas também às suas vidas.

Em vez de desenvolver uma ideia que aumentaria a eficiência do departamento em 8.000%, eles pensam em soluções que aumentam a eficiência em 10%, 5% ou 1%. Esses pequenos aumentos parecem razoáveis, e ninguém se prejudica por sugeri-los. Um aumento grande demais pareceria insensato. Como são pessoas razoáveis, nem pensam nisso.

78   SEJA INSENSATO

Trabalhei com uma empresa de tamanho médio que começou suas operações no mesmo ano que uma gigante corporativa muito maior que atuava no mesmo mercado. A gigante é uma das 100 maiores empresas globais; as receitas do meu cliente são de cerca de meio bilhão de dólares. Embora tenha tido alguns anos muito bons — afinal, só se consegue US$ 500 milhões com alguns anos muito bons —, todas as decisões estratégicas dessa empresa baseiam-se em alcançar metas de crescimento modestas e satisfazer as necessidades dos clientes atuais. A empresa nunca investigou quais seriam suas futuras perspectivas. Nunca se perguntou "O que queremos?" e "Como poderíamos...?".

A verdade é que a empresa tinha gerado enorme fortuna para os proprietários e investidores originais, mas com as ações negociadas em Bolsa ela nunca alcançou grande sucesso, e o preço das ações recentemente caiu muito em função de seu conservadorismo. Ela tem a mentalidade dos 10%.

No ano passado, comecei a trabalhar com o novo vice-presidente para ajudá-lo a diversificar o negócio. Há um ano estamos explicando como a insensatez é importante. Hoje em dia, pela primeira vez, as pessoas estão se fazendo essas perguntas. A empresa definiu metas de crescimento muito acima de todas as anteriores, e alocou alguns recursos para desenvolver negócios adicionais e aumentar sua participação em um mercado em rápida expansão.

A mentalidade dos 10% é muito apoiada. É algo enraizado em nossa cultura. Eu mencionei anteriormente que aprendi na faculdade que se precisamos de um número que não temos é melhor usar 10%.

Usar 10%?

Por que não 100%? Por que não 1.000% Porque 10% é seguro; 10% é confiável; 10% é viável.

Sim, 10% é razoável e, como já disse, aprendemos isso na faculdade de administração. Este foi o número que as Escrituras cristã e judaica definiram como a quantidade correta para o dízimo. As palavras em hebraico e grego para dízimo significam "um décimo", ou 10%. Na verdade, 10% é considerado em grande medida um referencial razoável para tudo, de aumento da resistência à perda de peso, passando por poupança. O fato de termos dez dedos nas mãos e nos pés é, sem dúvida, outro fator de apoio. (Não despreze esta parte do argumento.) Além disso, estima-se que o lucro médio de todo produto interno bruto dos Estados Unidos seja 10%, o que significa que, se somarmos tudo que todas as pessoas economicamente ativas recebem, sejam elas bem ou malsucedidas, teremos 10% de ganho anual líquido.

Assim, quando precisamos de um número ligeiramente arbitrário para nos apoiar, 10% é bastante razoável, não é? No entanto, esse número leva em conta o fato de que, de acordo com dados da U.S. Small Business Administration, cerca de duas em cada três empresas com empregados vão à falência em seis anos. Você quer fazer parte dessa multidão?

Vamos continuar nessa linha de raciocínio por um instante: 10% de ganhos, ano após ano, dobrará o tamanho da sua empresa a cada sete anos. Em um primeiro momento, isso não parece tão ruim, mas existem dois importantes problemas com esse tipo de lógica. O primeiro é que a maior parte das pessoas fica muito aquém das metas estabelecidas — o que as fez cair na armadilha do elefante treinado em primeiro lugar. Se a sua empresa sempre almejar ganhar 10%, o que realmente conseguirá alcançar? Talvez 7%? Com esse valor composto, ano após ano, serão necessários dez anos para dobrar o tamanho do seu negócio. Que tal 5%? Você nem vai querer saber quanto tempo será necessário para dobrar seu negócio (14 anos!). Será que a empresa sobreviverá tantos anos assim?

O segundo problema com o incrementalismo é que parte do pressuposto de que o restante do mercado não está mudando mais rápido. A concorrência está crescendo. As preferências dos clientes estão evoluindo. E qualquer empresa que defina suas metas de crescimento nesse nível tão baixo provavelmente não está planejando fazer mudanças muito aceleradas. Embora esteja conseguindo manter esse índice de crescimento de 10%, seus concorrentes estão no seu encalço.

Portanto, embora superficialmente o enfoque incremental pareça seguro, ele é tudo, menos isso. Com o tempo, levará ao fracasso, caso não venha acompanhado de um avanço de vez em quando.

Muito melhor do que a mentalidade de 10% é o que chamo de Atitude Vezes 10. Considere suas ideias mais sensatas e multiplique-as por dez, ou por alguma outra medida que seja grande assim. Portanto, se US$ 200 mil parece razoável, a Atitude Vezes 10 transforma esse valor em US$ 2 milhões. Se o sensato significar controlar 5% do mercado, a Atitude Vezes 10 significa controlar metade do mercado. Se o sensato for estar na capa da *Newark Star-Ledger*, a Atitude Vezes 10 representa sair na capa de outra publicação mais prestigiada, *The Economist* ou *The Wall Street Journal*.

A Atitude Vezes 10 é insensata e certamente causará um impacto no mercado. Assim que você aceitar essa nova forma de pensamento as próximas palavras que vai pronunciar serão "Mas não sabemos como fazer isso". Ou, pior: "Não podemos fazer isso. Nunca foi feito antes." Mas claro que foi, só que não por você. A Atitude Vezes 10 apoia a Estratégia da Possibilidade. E a aplicação liberal do Método Merlin ajudará você a desenvolver um possível caminho para alcançá-la.

Nesta era de competição global e de mudanças rápidas, descontínuas e que reduzem cada vez mais as distâncias entre as nações, o que é considerado "normal" simplesmente não continuará sendo normal por muito tempo. E o que é considerado "razoável" é fórmula certa para o fracasso. Pode ter funcionado bem no passado, quando a mudança ocorria ao longo de anos e um contrato internacional tinha que estar em papel e circular o mundo de navio. Mas essa época já passou.

As pessoas devem romper com o que acham que é normal, porque, como vimos, normal nunca será suficiente. O que parece razoável não é. O que parece normal não dura muito. No mercado em rápida mudança, um crescimento de 10% ao longo do tempo levará a um prejuízo líquido. A Atitude Vezes 10 é a única maneira de continuar no jogo.

Vamos voltar à minha cliente mítica. Essa senhora pode ser bem difícil. Ela talvez não consiga fazer projeções. Se for o caso, tento uma abordagem diferente — menos ambiciosa e mais suave.

Pergunto a ela:

— Quando acorda de manhã, qual o seu primeiro pensamento?

— Como está o tempo — ela responde.

— Para você, qual é o melhor tempo possível?

— Um dia quente e ensolarado. Uns 27 graus.

— Perfeito — eu disse a ela —, imaginar um futuro fantástico não é mais difícil do que pensar sobre o clima. Da mesma forma que você pensa 'Espero que hoje seja um dia quente e ensolarado e que faça 27°C', pode fazer projeções para daqui a um ano e dizer 'Espero que X, Y e Z se realizem'. A única diferença entre o clima e tornar realidade X, Y e Z é que o clima acontece por si só. Com X, Y e Z você terá que trabalhar para concretizá-los. Você personifica o resultado.

Se ela sorrir, sei que entendeu a mensagem. Ela percebe que sonhar e encontrar metas que valham a pena não são tarefas difíceis. São até agradáveis. Encontrar uma direção não precisa ser um exercício difícil. Baseia-se em preferências, em estímulos e em satisfação.

Pare de estabelecer metas com base no que você considera ser possível. Não se preocupe com o fracasso. A menos que sua empresa seja negociada em Bolsa, ninguém vai puni-lo por não atingir seus objetivos. Leve a sério a velha máxima de que o céu é o limite. Se voar baixo, muito provavelmente vai acabar caindo logo.

Faça com que suas metas o levem para um futuro inspirador e ousado. Baseie-as na sua visão da empresa, no seu principal objetivo, sua missão. Desenvolva uma estratégia insensata com base no futuro e descubra como chegar lá. Seja insensato: esqueça as probabilidades. Baseie seu futuro em seus sonhos.

No final das contas, as táticas não importam

Muitas organizações consideram sensato seguir um plano depois que ele é definido, independentemente do que aconteça. Mesmo se o plano não estiver funcionando, algumas pessoas muito sensatas consideram sinal de fracasso mudar de curso no meio do caminho. Os planos são considerados sagrados, e dizem que é um indicador de forte liderança ter perspicácia suficiente para saber o que vai funcionar e o que não vai. Essa empresas estão se concentrando em "como" realizar algo em vez de pensar no "que" é feito e em "por que" o é. Estão cometendo o clássico erro de considerar táticas e planos primordiais, em oposição a buscar uma visão e seus resultados.

O roteirista William Goldman, autor de *Butch Cassidy* e *A princesa prometida*, abriu seu best seller *Adventures in the Screen Trade* com a importante frase "Ninguém sabe nada". Goldman discutia a indústria cinematográfica e como os seus executivos escolhiam os vencedores. E como o fazem? Usando as mesmas estrelas, diretores, autores, filmes de época e talvez até os mesmos assuntos dos últimos sucessos. Tentam usar as mesmas histórias e tramas. Isso explica como pode haver dois ou três filmes sobre vampiros, vulcões, cobras venenosas, mágicos do mal ou viagens no tempo na mesma época. Quando um executivo ouve falar que o outro acabou de comprar uma história totalmente nova, não perde tempo para encontrar outra igual. Isso também explica por que existem tantas continuações e refilmagens — e até mesmo filmes que explicam o que acontece antes do filme principal. Esses executivos estão se concentrando no "como"; nesse caso, nos astros, nos diretores e assim por diante. Esqueceram a definição clássica cunhada por Earl Nightingale, uma personalidade do rádio norte-americano da década de 1950 e autor de *The Strangest Secret*: "O sucesso é a realização progressiva de uma ideia valiosa."

O enfoque insensato à estratégia nada diz sobre como chegar lá. Está inteiramente voltado para o propósito, os princípios e os resultados, em vez da tática usada. As táticas representam o "como". De acordo com o *Webster's New American Dictionary*, "tática" é "um procedimento ou conjunto de manobras usadas para alcançar determinado objetivo, uma meta ou fim". A tática não se confunde com a meta em si, embora muitos empresários considerem assim.

"Preciso de uma nova campanha de mala-direta", você explica. Não precisa, não. Você precisa de mais lides. "Precisamos de anúncios novos e inovadores." Não precisa, não. Você precisa melhorar sua presença no mercado e obter o reconhecimento de sua marca para reduzir o ciclo de vendas. "Preciso adquirir as empresas concorrentes." Não precisa, não. Você precisa encontrar uma maneira de dominar seu segmento de mercado e adquirir nova tecnologia para o futuro.

Em cada um desses casos, o objetivo tático antecedeu o objetivo estratégico e, em cada caso, isso está simplesmente errado. Pode até estar certo, mas não necessariamente. Considere um gerente cuja empresa realmente precisa de maior presença de mercado e reconhecimento da marca, e que decide que a maneira de alcançar esse objetivo é por meio de propaganda. Assim, ele segue esse caminho. Espere um pouco — a campanha atual está funcionando; estava gerando oportunidades de negócios excelentes. Que pena, porque a nova e "empolgante" propaganda não está — é criativa e abstrata demais. Além disso, a nova campanha também não encurta o ciclo de vendas, por isso a agência de propaganda tem que voltar para as pranchetas, enquanto outras possíveis ideias promocionais — como uma campanha de RP ou trabalhos direcionados — sequer são consideradas. Para muitas pessoas, as táticas imperam, porque são fáceis de administrar.

A tática é algo tão insignificante quanto um martelo na hora da construção. O que importa é a construção da casa nova, não a ferramenta

84   SEJA INSENSATO

usada para construí-la. Imagine mostrar a seus amigos sua bela e recém-adquirida casa de quatro quartos em um esplêndido terreno, com piscina e visão panorâmica. "Sim, esta casa foi construída com um martelo Stanley de 500g", você informa. Na verdade, sequer menciona o martelo, não é? Tampouco diz a eles como a fundação da casa foi feita. Talvez até nem lembre de contar que começou a construir a casa com uma equipe de pedreiros que foi despedida porque nunca cumpria o horário prometido. Você não continuou usando a mesma equipe simplesmente porque foi a primeira a ser escolhida, não é? Você não se sentiu compelido a terminar a obra usando concreto ruim para a fundação, não é?

Pode parecer tolice, mas é exatamente assim que as pessoas tratam suas táticas e planos. Continuam com eles porque começaram assim. Usam suas táticas como se tivessem significado intrínseco para o negócio. Não estou dizendo que a tática não é importante. Claro que é, algumas táticas deveriam ser mais econômicas e outras mais viáveis, considerando suas restrições orçamentárias. Algumas táticas deveriam funcionar logo, enquanto outras só mostrarão resultado com o tempo. A chave é a ideia de que "deveriam". Quando forem aplicadas, você descobrirá. Se o que "deveria" ser verdadeiro sobre as táticas efetivamente for verdade, você continua em frente.

Mas a tática não pode ser verdadeira no sentido abstrato. Precisa ser verdadeira para você e gerar os resultados desejados. Se não for assim, é necessário mudar rapidamente seu enfoque. Se você não estiver alcançando seus objetivos, isso não significa que eles são ruins; simplesmente mostra que sua tática não está funcionando.

As pessoas falam em termos de trabalhar mais em oposição a trabalhar de forma inteligente, e é importante descobrir o que fazer em cada ocasião. Às vezes, a tática está funcionando e basta aprimorá-la um pouco. Mais foco durante o trabalho, mais horas dedicadas ao serviço, mais pessoas na função. Isso é trabalhar mais. No entanto, quando a tática não funciona, por mais que você se esforce, algo mais faz-se rapidamente necessário. É aí que entra a ideia de trabalhar de forma mais inteligente. Isso simplesmente significa encontrar elementos que de fato funcionem.

Se estiver tendo problemas para alcançar uma meta, talvez isso se deva ao fato de que você está se prendendo a uma tática que não funciona mais. Muitas empresas de vendas, por exemplo, ainda usam a velha tática de fazer visitas não anunciadas como seu principal método de conquistar novos clientes, embora novas leis estejam acabando com a eficácia dessa prática. Em vez de seguir cegamente determinada tática — mesmo aquela que funcionou muitas vezes no passado —, é melhor manter-se fixo em sua meta (ou seja, aumentar as vendas em 15%) e verificar que táticas novas poderão ajudá-lo a alcançá-la.

Tática e a zona de conforto

Um dos meus clientes me chamou para ajudar a estabilizar sua empresa em um momento em que parecia que todo o mercado estava em colapso. Isso foi logo depois do 11 de Setembro, e a diretoria estava apavorada. Nada que antes funcionava dava certo agora, e a equipe estava desesperada — tão desesperada a ponto de considerar jogar a toalha, mas disposta a dar uma última chance. Todas as táticas foram completamente abandonadas; os únicos elementos que permaneceram intactos foram os valores essenciais da empresa e sua aparentemente quixotesca meta de duplicar as receitas. Primeiro, redefinimos a antiga visão do cliente perfeito. A partir daí, a empresa redirecionou o posicionamento de seu produto para atrair esses clientes e criou uma nova estrutura de financiamento para lidar com um cenário de lucros cada vez menos promissor no mercado. Nesse momento, a diretoria estava tão longe de sua zona de conforto que mal conseguia respirar. Finalmente, reestruturou o programa de marketing da empresa de cima para baixo, despediu a equipe de marketing externo, criou materiais de marketing inovadores para atrair os novos clientes e desenvolveu vários novos enfoques (bem, novos para eles) para conquistar os potenciais clientes, incluindo a realização de minisseminários e o uso do FedEx para campanhas de marketing direto. As receitas não dobraram naquele ano, mas em três anos os lucros aumentaram 400%!

Seja como esse cliente e vá longe — muito longe —, fora da sua zona de conforto. Isso talvez não seja necessário quando sua empresa está avançando na direção certa, mas certamente é importante quando ela não está. Em seguida, saia da zona de conforto e esteja disposto a mudar a tática que não está funcionando.

Agilidade é uma virtude

Não são suas táticas que precisam de tempo para funcionar; são suas estratégias.

Ser flexível é a parte central de colocar suas estratégias em prática. Embora algumas pessoas achem que flexibilidade seja sinônimo de fragilidade e se preocupem com Wall Street ou com o que os investidores vão pensar, nós a aplaudimos. É preciso estar disposto a avaliar a situação e mudar de rumo quando tiver certeza de que sua tática não está funcionando. Na verdade, a capacidade de mudar rápido — de substituir uma tática por outra, ou mesmo uma estratégia por outra, quando necessário — é a base do sucesso no século XXI. Mantenha a tática enquanto estiver funcionando, mas elimine imediatamente tudo que não estiver certo. Tática. Máquinas. Pessoas. Clientes. Tudo.

Saiba logo no início como vai terminar: preparando sua própria estratégia de saída

P. T. Barnum, o *showman* do século XIX, era dono de um museu de curiosidades em Manhattan. Ali eram expostos todos os tipos de esquisitices, incluindo figuras em cera, múmias, totens, um bezerro de duas cabeças e a famosa "Sereia de Fiji" — uma criatura empalhada com dorso de macaco e rabo de peixe. Cada peça parecia mais impressionante que a anterior.

Em uma ala do museu havia uma porta assustadora com uma placa com os seguintes dizeres: "Caminho para o Egresso."

Imagine a expectativa criada no público: "Egresso? O que é um egresso? Será um pássaro do tamanho de um cavalo? Será que é um nativo de tanga? Não importa, tenho que ver o que é!" Quando empurravam a porta, tinham uma bela surpresa; encontravam-se em pé no meio da rua! O grande Barnum os enganara. A palavra "egresso" vem do latim *egressu* e quer dizer "saída", e eles haviam sido enganados para sair do prédio.

Não tenho certeza se gosto da ideia de Barnum de enganar as pessoas fazendo-as sair. Mas gosto de sua ideia de transformar a saída em uma atração — não, na verdade, adoro essa ideia. A saída deve sempre atrair nossa atenção, especialmente se formos donos de empresas. Deixe-me explicar. Se você é dono de uma empresa, deve saber como vai deixá-la assim que possível. Não estou falando de saídas físicas. Estou falando de estratégias de saída.

Você talvez considere estranho incluir uma seção sobre como abandonar a empresa em um capítulo sobre estratégia de negócios. Já foi dito por algumas das mentes mais brilhantes da história que a melhor maneira de alcançar seus objetivos é primeiro saber quais são eles. É mais uma aplicação do Método Merlin. Tendo o espírito de começar pelo final em mente, é fundamental ter em mente o conceito de como vai terminar o que está começando hoje.

Mesmo que tenha acabado de abrir seu negócio — mesmo se só está no ramo há um dia —, deve preparar uma estratégia de saída, e essa estratégia deve ser tão claramente definida e tão empolgante quanto o famoso "egresso" de Barnum. Uma ótima estratégia de saída funciona como a luz que guiará seu negócio. Mantém a recompensa maior claramente à sua frente. Orienta suas ações diárias. Se tiver uma estratégia de saída guiando você, basta se perguntar o seguinte: "O que estou fazendo me levará para a saída desejada ou me afastará dela?" Se o que você está fazendo o aproximar de seu objetivo, continue em frente. Se o que você está fazendo o afastar do seu objetivo, é hora de mudar de plano.

Um exemplo. Um dos meus clientes decidiu vender sua empresa de software avaliada em US$ 2 milhões. A grande dificuldade era que ele queria que a empresa valesse dez vezes mais em apenas três anos. Decidimos insensatamente encontrar o melhor comprador possível — aquele que mais se beneficiaria com a compra — e moldamos a empresa para esse comprador. Nosso primeiro passo foi estudar seu mercado e procurar empresas negociadas em Bolsa que teriam um aumento substancial no valor de suas ações se estivessem no mercado do meu cliente. Em seguida, analisamos detalhadamente seu negócio, investigando seu processo de desenvolvimento de produtos, procedimento de vendas, posicionamento da empresa, modelo de receitas e assim por diante. Ao analisarmos cada parte, perguntamos "Isso contribui para uma empresa desse tamanho ou a prejudica?". Se contribui, ótimo. Se prejudica, encontramos formas de melhorar a situação. Assim que descobrimos quais empresas poderiam se interessar e quais melhorias precisariam ser realizadas, reunimos todas essas informações em um plano, que incluiu uma lista das formas como meu cliente entraria no radar das empresas negociadas em Bolsa. Ele começou a trabalhar no plano e se esforçou muito.

Mas em três anos ele alcançou seu objetivo. Uma das empresas que ele escolhera como compradora ideal adquiriu a sua, tornando sua participação extremamente valiosa. Meu cliente enriqueceu.

Você talvez considere o que acabei de descrever um absurdo. Afinal, só envolve dinheiro, dinheiro e mais dinheiro. Nessa história toda, onde fica o desenvolvimento de bons produtos e serviços? A minha resposta: isso cabe a você decidir, mas saiba que provavelmente não conseguirá o valor que procura sem bons produtos e serviços.

Se desenvolver uma empresa de ponta fizer parte de sua estratégia de saída, então transforme-a em um de seus parâmetros de projeto. Tenha certeza de que é você quem define o que quer dizer "empresa de ponta". Você controlará o mercado? Será capa de três revistas especializadas daqui a seis meses? Certos gurus vão proclamá-lo "a bola da vez"?

Eu escolho os ganhos monetários para comentar porque é mais fácil medir do que elogios. Além disso, se você conseguir sair da empresa com os valores desejados, poderá usar esses recursos para financiar a próxima empresa que desejar iniciar. Sou um empresário serial, então para mim isso é importante.

Todo o conceito de "estratégia de saída" pode ser dividido em algumas categorias:

- Vender sua empresa para outra companhia ou grupo de investidores.
- Abrir o capital e abdicar do ônus da propriedade.
- Transformar o negócio em um empreendimento de sucesso e administrá-lo até morrer.
- Dobrá-lo, por meio de franquias e licenças, e auferir logo o máximo de lucro possível.
- Passar a empresa a outra pessoa, como um filho, um parente ou um empregado altamente qualificado.
- Simplesmente fechar o negócio.

Existem certamente outras opções, mas esta pequena lista inclui as principais.

Vamos encarar a realidade: independentemente do que planejar hoje, quando chegar a hora de sair você pode pensar de forma diferente. Todos sabemos que boa parte dos planos nunca chegam ao final. Planos são diretrizes, mas são críticos para a maneira de estruturar seu negócio. Cada uma dessas estratégias de saída exige que você crie certo tipo de estrutura, siga um caminho correto e tome as medidas certas para alcançar o fim desejado.

O primeiro passo na minha estratégia é definir metas e objetivos, e a estratégia de saída é o seu objetivo *final*.

Crie sua própria estratégia de saída

Lembre-se, não importa o que lhe digam, nunca é cedo demais para definir sua estratégia de saída. Mesmo se planejar ser dono da sua empresa por 40 anos, uma estratégia de saída claramente definida só pode ajudá-lo. Para criar sua própria estratégia de saída preencha as seguintes lacunas. Este será um ótimo ponto de partida.

1. Minha estratégia de saída é _____.
2. Este ano minha empresa crescerá _____.
3. Dentro de 18 meses nós _____.
4. Se eu vendesse a empresa hoje seria porque _____.
5. A empresa agora vale _____.
6. Se eu vendesse a empresa hoje, minha renda pessoal seria de _____.
7. Minha renda pessoal seria o dobro se _____.
8. O que realmente falta na minha empresa é _____.
9. Minha maior preocupação, o que pode atrapalhar meus projetos, é _____.
10. As demonstrações financeiras da minha empresa são (escolha uma opção): auditadas, compiladas, revisadas, outras (explique).
11. Temos disponíveis (assinale todas as respostas aplicáveis): demonstrações financeiras esperadas, demonstrações financeiras reformuladas, demonstrações financeiras dos últimos três anos.
12. Cite o nome do seu banco, do advogado da empresa, do planejador tributário/fiscal e do contador.
13. Se hoje um comprador demonstrasse interesse em adquirir sua empresa, cite três intermediários ou investidores que você poderia contatar para discutir a possível fusão ou aquisição da empresa.
14. Cite as três empresas, ou os tipos de empresas, que mais estariam interessadas em comprar seu negócio.

> 15. Hoje, minha empresa tem (assinale todas as respostas aplicáveis): um plano de negócios por escrito, um orçamento anual por escrito, contratos formalizados com clientes e fornecedores, um manual impresso com políticas da empresa e para os empregados, um manual dos sistemas de produtividade implantados, um plano de saída formal.

Seja insensato: administre sua empresa sabendo que quer deixá-la. Comece pelo fim e entenderá melhor como alcançar sua meta.

As pessoas se preocupam em como fazer as coisas, enquanto deveriam estar preocupadas com seu compromisso.

O escritor Peter Block afirma que as pessoas tendem a querer resolver tudo de primeira e que isso nada mais é do que um desejo de segurança e previsibilidade. Estão mais preocupadas em saber se algo é possível do que em pensar se vale a pena. Assim que você escolhe seguir em frente, Block sugere, existe um período de ansiedade, uma preocupação constante e perturbadora que não estaria presente se você tivesse seguido uma abordagem já consagrada. Isso é bom. Fique preocupado. Fique ansioso. Fique assustado.

Um amigo meu conta a história de quando ele precipitadamente decidiu abandonar seu emprego confortável e entrar de cabeça em um trabalho de consultoria seguindo uma linha inteiramente nova. Após três semanas da mudança, ele descobriu que a esposa estava grávida de seu primeiro filho. De repente, havia um peso enorme pairando sobre suas decisões. Algumas pessoas lamentaram o momento infeliz da mudança. Em retrospecto, meu amigo conta que não poderia ter havido momento melhor. Se ele estivesse preocupado em sustentar a família, talvez não tivesse tomado a decisão de mudar. O fato de ter mais uma boca para alimentar acendeu nele uma chama que antes não existia, e a ansiedade acabou funcionando a seu favor. Por causa dessa nova motivação, ele estava disposto a tentar absolutamente tudo e a continuar tentando até encontrar algo que funcionasse. Ele não tinha compromisso algum com esse enfoque, somente para com a estratégia que orientava a construção de seu novo negócio, atendendo seus novos clientes e alcançando suas metas.

Acabamos de criar nossa estratégia insensata, aquela que vai abrir as portas do futuro para o nosso negócio. O próximo passo será dedicar algum tempo para avaliar nosso processo de pensamento para que possamos estar preparados para tomar futuras decisões.

CAPÍTULO **4**

PENSAMENTO
INSENSATO

Para chegar à mais simples verdade, como Newton sabia e praticava, é preciso anos de contemplação. Não de atividade. Não de lógica. Não de cálculo. Não de qualquer tipo de comportamento ativo. Não de leitura. Não de conversa. Não de esforço. Simplesmente ter em mente o que é preciso saber. Aqueles com coragem para seguir esse caminho, rumo à real descoberta, não só não recebem praticamente orientação alguma para tal como ainda são ativamente desencorajados e precisam ficar em segredo, fingindo estar diligentemente engajados em frenéticas distrações e se conformar com as anestesiantes opiniões pessoais que lhes são constantemente impostas.

— George Spencer-Brown, *The Laws of Form*

Para sermos insensatos, procuramos descobrir quais são os limites que restringem o comportamento normal e aceitável, e deliberadamente damos um passo além. Nada muito desmedido. O empresário insensato sequer considera a existência de limites. Não se trata de quebrar as regras. Envolve abandonar o conceito de que existem regras. Não se trata de codificar nada que rapidamente poderia sobreviver à sua utilidade. Envolve encontrar formas mais produtivas, mais eficazes e mais flexíveis de comportamento — formas que promovam seus interesses imediatos; embora possam ter valor duradouro, podem ser válidos apenas para o momento atual. Ater-se a essas novas formas de ser requer ter novas ideias. Criar novas ideias a partir de ideias anteriores, talvez do inconsciente coletivo de Carl Jung ou da Mente Universal de Ernest Holmes, talvez até reinventando teorias.

Regras para quebrar as regras

A maior limitação ao pensamento é a existência de regras, por isso a primeira preocupação que as pessoas insensatas devem ter é desenvolver um entendimento saudável do que são regras e o que significa quebrá-las. Dessa forma, quando chegar a hora de finalmente quebrar as regras, elas não ficarão assustadas.

Ser insensato não significa que devemos ignorar o passado e tudo o que aconteceu antes. Pelo contrário, significa aceitar que as regras antigas foram desenvolvidas ao longo do tempo e por um bom motivo. Na maior parte dos casos, elas funcionaram e tiveram resultados valiosos, mas qualquer que seja o motivo, não estão mais funcionando. Eis o problema: você cresceu conhecendo e amando as regras e, mesmo as detestando, sente-se confortável com elas. O próprio impulso humano para aceitar as regras está profundamente enraizado, afiado durante milhões de anos de comportamento de manada. Aceitar as regras tem forte valor de sobrevivência para a nossa espécie, e violar esse princípio causa desagrado. Quebrar as regras é, em um nível bem profundo, contrário à nossa natureza. Assim, quebrar as regras requer transgressão.

Regras sobre como quebrar as regras

Qualquer pessoa pode quebrar as regras, pois para isso não é preciso ter *status* ou título especial, como "gerente" ou "chefe". A pessoa mais fraca em uma equipe pode se tornar exímia em quebrar regras se tiver um espaço para agir; desde que não acredite que será duramente punida por isso.

As regras só são boas quando geram resultados que sustentam as metas e os objetivos da empresa. Caso contrário, são regras ruins. Esta é a única verdadeira avaliação de uma regra: segui-la levará a empresa mais perto de alcançar seus objetivos e metas? Se não for o caso, trata-se de uma regra ruim, e deve ser abandonada.

Boas regras existem para manter a ordem, a estrutura, o processo e, também, a previsibilidade. Regras ruins existem para de alguma maneira facilitar a vida de alguém. As regras podem mudar (e efetivamente mudam) de boas para más com o tempo. É bom saber por que determinada regra foi criada para que seja possível entender as consequências não intencionais de quebrá-la. Independentemente de qualquer coisa, é preciso saber o motivo pelo qual você está quebrando a regra.

Tanto as regras boas como as ruins podem ser quebradas

Não existem regras certas para todas as situações. (Consulte os Dez Mandamentos, caso não acredite.) Nossas empresas e nossas vidas são complexas demais para que simples orientações sejam 100% apropriadas em todos os casos. Com isso não pretendo induzir todo mundo a quebrar regras básicas, como valores essenciais. Significa que, quando sua querida regra estiver impedindo seu progresso, é preciso estar pelo menos disposto a questionar se ela ainda é apropriada ou se está ultrapassada.

Você não será eliminado se quebrar as regras. (Mas poderá ser demitido.) Isso significa que vale a pena pesar o risco de quebrar determinada regra. Por outro lado, se tiver certeza de que os resultados obtidos serão bons, não se preocupe em "ficar encrencado". (Veja a discussão sobre permissão mais adiante neste capítulo.)

Você não precisa ser "o melhor" para criar suas próprias regras, embora ajude. Atribui-se uma certa dose de experiência e perspectiva aos melhores, e se você for considerado o melhor — no topo da hierarquia —, terá muita credibilidade, e isso o impedirá de ficar preso em meio a retrocessos. Por outro lado, criar suas próprias regras permite que você seja o melhor.

Quebrar regras não significa transgressão da lei. (Não necessariamente, pelo menos.) É preciso saber a diferença. Se achar que ao quebrar as regras você está violando a lei, e ainda assim planeja quebrar as regras, tenha certeza de que seu motivo é realmente muito bom. Praticamente em todos os casos — a menos que você esteja deliberadamente querendo deixar um exemplo ou lutando para empreender uma mudança social — seria melhor encontrar outra maneira de realizar o que quer que esteja tentando realizar.

Quebre as regras quando o novo enfoque gerar maior eficiência ou quando as antigas regras simplesmente não forem mais eficientes. Caso contrário, por que quebrá-las?

Os líderes em geral ficam mais à vontade em quebrar as regras do que seus subordinados. Na verdade, em boa parte, isso explica por que são líderes. Encoraje sua equipe a questionar as regras que não estão favorecendo as metas da sua organização. Por si só, isso os ajudará a torná-los líderes.

O conhecimento não transforma algo ruim em bom. Existe um velho ditado que diz que se você não sabe se existe uma regra, você não sabe o suficiente para quebrá-la. Entenda a situação em que se encontra. Descubra por que não está funcionando e baseie seus próximos passos naquilo que funciona. Evidentemente, ajuda se você entender o ambiente predominante à sua volta e se procurar não quebrar as regras simplesmente por diversão ou de forma gratuita. Além disso, não é boa ideia causar grande estardalhaço na empresa; talvez seja o caso de verificar se existem outras maneiras menos controversas de atingir sua meta. No final das contas, se houver uma regra e se você a quebrar inadvertidamente, verifique qual é a regra seguinte.

"É mais fácil pedir desculpas do que obter permissão." Esta frase é de autoria da Almirante Grace Hopper, a criadora da linguagem de computador COBOL. Essa augusta senhora quebrou tantas regras que faria sua cabeça girar. Se pedir permissão primeiro, receber um não como resposta e prosseguir assim mesmo, você estará encrencado. Assim, para realizar algo importante, não peça permissão. Se tiver certeza de que está certo, vá em frente. Provavelmente descobrirá mais detalhes sobre suas penalidades depois.

As regras — para quem deve ou não quebrá-las — são as seguintes: os novatos não conhecem as regras; os amadores as conhecem, mas têm dificuldade em segui-las; os profissionais sabem as regras e podem começar a adaptá-las, conforme necessário; e os gênios, que conhecem as regras, as quebram, criam novas e as quebram também. Cada pessoa pode quebrar as regras que quiser. Mesmo os novatos podem quebrar as regras, pois podem ter proposições radicalmente eficazes baseados em sua inocência.

— Autor desconhecido

A criatividade não precisa resultar em quebra de regras. Existem várias maneiras de melhorar os resultados dentro das regras atuais, especialmente quando as regras "fazem sentido" e estão funcionando bem. Na maior parte do tempo, a criatividade resulta em flexibilidade.

Só porque quebramos as regras não significa que somos gênios ou inovadores. Quebrar as regras pode não gerar resultados valiosos. Por outro lado, os avanços só acontecem quando quebramos regras. Faz parte de sua definição.

Quando quebrar as regras

A única regra útil sobre quando devemos quebrar as regras é saber que só devemos quebrá-las quando isso for melhor do que não quebrá-las, e mesmo essa regra é questionável. Quebrar regras só deve ser feito quando for apropriado para a situação, nunca por si só. Não há hora certa, situação certa, necessidade certa, perfil risco-recompensa certo ou maneira certa de fazê-lo. Todas as outras regras sobre como quebrar regras são inúteis. No entanto, existem várias diretrizes, processos e procedimentos que ajudarão você a pensar em uma maneira de romper as regras.

Assim que tiver compreendido as regras e como funciona o processo de quebrá-las, estará mais livre para pensar sem medo sobre as implicações de sua forma de pensar. O restante deste capítulo apresenta em detalhes várias ideias, processos e ferramentas para ajudar você a gerar ideias insensatas que poderão fazer sua empresa avançar.

Jornalista ousado quebra as regras

Em 1994, Randy Cassingham era redator técnico no Jet Propulsion Laboratory, em Pasadena, na Califórnia. Talvez em função de sua formação jornalística, ele tinha o hábito de reunir histórias esquisitas, que afixava no mural de sua baia. Logo, ganhou admiradores entre os cientistas e engenheiros da JPL. O pessoal se desviava do seu caminho para passar pela sala dele e ler as novidades de Randy. Esse trânsito deu-lhe a ideia inovadora que ele compartilhou com colegas descrentes e desencorajadores. Ele ia largar seu trabalho seguro de carteira assinada e ganhar a vida publicando essas estranhas histórias na internet.

Isso sim é insensatez. Na época, a internet era considerada um terreno inexplorado e primitivo. Havia todo tipo de regras e normas culturais estabelecidas proibindo o comércio: ninguém vendia nada e certamente ninguém ganhava dinheiro algum. Mas Cassingham, prevendo o futuro, avançou firme e ignorou essas regras. Ele não só queria ganhar dinheiro na

> internet, mas também fazê-lo da maneira mais bizarra possível — dando seus produtos de graça! (Você pode achar que não tem nada demais nisso, e é verdade. Mas não em 1994!)
>
> Embora não tenhamos como saber ao certo, o boletim gratuito de Randy, *This Is True*, pode ter sido o primeiro sucesso de marketing viral. Desde a primeira edição, ele incluiu algo incomum na seção de direitos autorais, dizendo: "Fique à vontade para enviar este boletim aos seus amigos." Passando de e-mail em e-mail, a publicação conquistou mais de 100 mil assinantes e ofereceu uma plataforma contundente para anúncios pagos — mais uma regra quebrada por esse visionário. *This is True* hoje é lido por pessoas em 204 países e proporciona a seus proprietários uma renda bastante confortável — o que não é o caso de muitos jornalistas ou redatores —, tudo em decorrência da coragem de Cassingham de ignorar a sabedoria convencional.

Por que sim e por que não?

Simplicidade gera simplicidade.

— Forrest Gump

Muitas pessoas acham que estão pensando quando na verdade estão simplesmente reorganizando seus preconceitos.

— William James, psicólogo e filósofo do século XIX

Por que sim e por que não? Estas duas breves perguntas guardam a chave para quebrar regras que antes eram relevantes, mas que hoje perderam a força. A tendência em seguir as regras detesta estas perguntas, porque em geral não existem respostas. Eis a questão: se não for possível obter uma resposta pura e simples para as perguntas "por que sim" e "por que não", então por que seguir as regras? Se conseguir a resposta, ouça com cuidado, pois uma das seguintes possibilidades pode acontecer:

1. Você pode aceitar a resposta como válida e continuar seguindo as regras.
2. Você pode decidir que a resposta talvez tenha feito sentido no passado, porém não é mais válida. Se decidir que essa regra pode ser quebrada, use a resposta como ponto de partida para formular um novo curso de ação. (Se o seu curso de ação se tornará ou não uma nova regra não é o tema desta seção!)
3. Você pode decidir que a resposta não faz sentido algum. Você investiga um pouco mais, porém não avança. Em seguida, opta por seguir sua consciência e fazer o que acha que faz sentido.

É isso que as crianças fazem quando estão tentando entender o mundo à sua volta. Não foram condicionadas ainda a simplesmente aceitar as coisas. Sempre que ouvem uma nova regra (para elas, soa como um comando), as crianças se perguntam o motivo. Sempre que lhes dizem que não podem fazer alguma coisa, perguntam por que não. Os adultos, no entanto, estão tão acostumados a receber ordens que, na maior parte dos casos, não questionam nada. Depois de anos no mundo dos negócios, os adultos desenvolveram a crença enraizada e inexorável de que alguém já pensou sobre aquele assunto antes, e que a regra que querem que eles sigam já foi testada, validada, conferida para verificar se há erros, otimizada e melhorada ao longo do tempo.

Certo? Talvez não seja assim, mas não importa, porque a maior parte de nós escolheu aceitar que as regras que estamos seguindo fazem sentido. Mesmo quando as coisas estão um pouco confusas, a maioria das pessoas decidiu simplesmente seguir as regras.

O escritor Zig Ziglar conta sua versão de uma velha história:

A mulher pede ao marido que vá ao açougue comprar um presunto. Quando ele volta, a mulher pergunta por que ele não pediu para o açougueiro cortar as pontas do presunto. Claro que o marido pergunta por que ela queria o presunto sem as pontas. Ela diz que é porque a mãe dela sempre fez assim e esse motivo era suficiente para ela. "Vamos descobrir mais detalhes, ok?", ele diz. Como a sogra veio visitá-los, a mulher pergunta à mãe: "Mamãe, por que você sempre corta as pontas do presunto?" A mãe responde que foi assim que aprendeu com a mãe dela; mãe e filha e o marido decidem ligar para a avó e resolver esse mistério de três gerações. A avó prontamente respondeu que ela corta as pontas do presunto porque sua assadeira era pequena demais para cozinhar o dito cujo inteiro.

Questionar tudo reduz o ritmo das coisas, e é uma boa maneira de irritar as pessoas do seu trabalho. Quando tudo segue conforme o esperado, não há necessidade disso. Só quando as coisas não vão tão bem é que você precisa se perguntar o que há por trás das regras. Nesse momento, você começa a entender a lógicas: pode ou não fazer sentido. Às vezes, é preciso desvendar mistérios para chegar a algum lugar — e só então você descobre que o processo inteiro estava baseado em um erro de interpretação.

Não se confunda: fazer muitas perguntas desse tipo certamente fará você parecer insensato e até mesmo pouco cooperativo, esteja ou não tentando ser assim. As pessoas que criam regras acreditam nelas e não querem ser questionadas. Na melhor das hipóteses, consideram seu comportamento cansativo; na pior, consideram-no perturbador e contestador. Não deixe que isso o impeça de avançar. Muitas regras profundamente enraizadas não fazem sentido, mas você precisa escolher onde se posicionar.

Lembre-se de que ser insensato é, ao mesmo tempo, um chamado para ação e uma forma de pensar.

Nota do autor: pessoas realmente insensatas fazem essas perguntas de qualquer modo, porque estão sempre tentando inovar. Você talvez goste desse caminho; só tome cuidado com as consequências. Eu faço isso o tempo todo.

Quebrando acordos

Muitas vezes eu queria poder livrar o mundo da tirania dos fatos. Os fatos nada mais são do que acordos. Um fato marca meramente o ponto onde concordamos em parar de investigar.

— William Bliss Carman, poeta canadense

A maioria dos produtos e, na verdade, a maior parte das empresas são feitas de acordos. Por exemplo, se você vender um produto pelo menor preço, os clientes do seu mercado partirão do pressuposto que o seu produto não é da mais alta qualidade. Todo mundo sabe que se quiser ter mais qualidade terá de pagar por ela, e preços baixos significam menos qualidade. *O que aconteceria se não fosse preciso fazer essa concessão?* Como é possível vender o melhor produto do mercado a um preço baixo? Fazer este tipo de pergunta é perigoso, pois a resposta certa pode ter implicações enormes para a sua empresa.

A capacidade de quebrar acordos — e as ideias insensatas que resultam disso — é uma fonte de grandes avanços. Os acordos são concessões que fazemos em um aspecto do negócio para que possamos avançar em outro. Parece bom, e como estamos tão acostumados com isso, parece natural, como se fosse algum tipo de definição de como o mundo realmente é. Pessoas sensatas sabem que não podemos ter tudo, por isso é preciso decidir o que mais queremos e nos comprometermos a alcançar essas metas. Não se trata apenas do fato de que altos preços significam alta qualidade; existe todo um triângulo serviço-qualidade-preço. Vamos querer baixar os preços e manter a qualidade alta, e para tal, é preciso reduzir ou eliminar o serviço. Isso parece fazer sentido, mas e se você descobrir uma nova maneira de baixo custo de fabricar seu artigo? E se repassasse o custo reduzido dos produtos para os clientes e mantivesse o nível de atendimento anterior? Preços mais baixos, mesma qualidade, mesmo atendimento.

Sabemos que chegamos a um acordo quando alguém diz "Sempre foi assim". Esse tipo de pensamento não nos deixa ver que esses acordos não estão gravados em pedra. Veja este acordo típico: "Não vamos conseguir pessoas talentosas se não aumentarmos os salários", que leva a "Não podemos pagar tanto assim, por isso não podemos crescer rapidamente". Esse tipo de acordo baseia-se na ideia de que nosso negócio requer pessoas com determinado nível de conhecimento, que é difícil e, portanto, caro de encontrar e que você não pode pagar. E se o nível de conhecimento exigido caísse? Como fazer isso? Sistematizando o processo de produção de tal forma que uma pessoa menos experiente poderia trabalhar bem. E se, além disso, fossem oferecidos incentivos não-financeiros ou um programa de treinamento criado para atrair empregados menos experientes mas igualmente talentosos?

Nos Estados Unidos, os planos de saúde individuais levam a longas filas nas salas de espera dos médicos, o que, por sua vez, leva ao mau uso das salas de emergência dos hospitais. Resultados não-intencionais incluem os seguintes acordos tácitos: diagnósticos atrasados de problemas de saúde crônicos e nenhum tipo de seguimento após o tratamento, levando a custos mais altos para cobrir tratamentos mais complicados em fases posteriores da doença e uma redução geral da qualidade do atendimento. Instalações para atendimento de urgência que utilizam práticas médicas convencionais em vez dos recursos das salas de emergência foram desenvolvidas para romper com esse tipo de acordo tácito.

Esses acordos, em geral, são resultado de pressuposições bem estabelecidas sobre os relacionamentos entre os vários aspectos do seu negócio, como a suposta relação entre o custo e a qualidade. A chave para quebrar os acordos é revelar esses pressupostos e romper os elos entre conceitos relacionados desnecessariamente.

Os pressupostos nada mais são do que crenças — ideias que consideramos permanentes e verdadeiras. Na maior parte das vezes, essas crenças estão tão enraizadas que se tornaram transparentes; não se pode nem dizer que estão presentes. No triângulo preço-qualidade-serviço, cimentamos o elo entre esses três elementos. Por quê? Quem sabe, mas todo livro sobre gestão publicado antes de 1995 enfatiza essa relação, por isso deve ser verdadeira. Se acreditamos que as relações são fixas, as leis da geometria significam que não podemos melhorar dois de uma vez sem prejudicar um terceiro. O verdadeiro significado da Nova Economia que surgiu na década de 1990 com a revolução da internet foi que esses três elementos não precisavam caminhar juntos. Expondo a crença como uma crença em vez de um conjunto de fatos objetivos, ficamos dispostos a considerar cada elemento de forma independente. Em seguida — e só então —, temos a possibilidade de manter dois deles estáveis melhorando o terceiro elemento, para desenvolver soluções superiores.

Quando as pessoas pensam sobre seus empregados, enxergam uma relação congelada entre o processo de produção e o nível de competência necessário. Acreditamos que o processo é complicado de operar e que as pessoas precisam de experiência para trabalhar. Na verdade, é complicado só porque ninguém se deu ao trabalho de simplificar o processo. Requer experiência porque não está bem documentado. Assim que o processo for desvinculado das pessoas necessárias, é possível encontrar maneiras de alterar os requisitos de pessoal. No exemplo médico, a relação é de exclusão. Devido à maneira como as seguradoras pagam pelos serviços, os consultórios médicos evoluíram pelo caminho da especialidade, e as salas de emergência, porque são pagas em um modelo separado, seguiram por outro caminho. E se o sistema de pagamentos fosse desvinculado do atendimento e se as relações fossem eliminadas? Você poderia criar um modelo novo, uma *extensão* do consultório médico, dando origem a uma instalação de atendimento de urgência.

Para quebrar acordos tácitos, primeiro é preciso identificar que existe esse acordo. Em seguida, é preciso ver os vários elementos presentes nesse acordo e os elos que os vinculam. Depois, temos que identificar os pressupostos que levam a relação a ter esse comportamento. Às vezes, o acordo é tão transparente que não há como enxergá-lo. Nesses casos, talvez seja possível esclarecê-lo fazendo uma *análise de fatores críticos*. Perguntas do tipo "Por que isso precisa ser assim?", "O que faz com que o seu comportamento seja assim?" ou "Qual a relação entre esses elementos?" revelarão as relações entre os vários elementos.

Se você perguntar "Por que as pessoas procuram as salas de emergência nos hospitais?" descobrirá três principais motivos. Existem pessoas que procuram esse serviço porque seus médicos não estão disponíveis, digamos, durante a noite ou nos fins de semana. Outras não conseguem marcar consulta com um médico em um intervalo razoavelmente curto. Outras ainda procuram o serviço porque sabem que serão bem cuidadas, mesmo se não tiverem como pagar. Essas duas últimas categorias claramente não faziam parte do plano original, e agora você sabe que encontrou alguma coisa. (Existe, é claro, uma quarta resposta — uma emergência real que requer atendimento hospitalar. Mas esse não é o principal motivo pelo qual as pessoas procuram o atendimento de emergência!)

Quando tiver esclarecido os elementos, os elos entre eles e os pressupostos que definem esses elos, poderá dissociá-los. Comece rompendo o acordo tácito em sua mente, sabendo qual a relação que precisa mudar. Encontre uma maneira de alterar um dos elementos, ou condições, sem afetar os demais. Talvez não seja fácil, mas pelo menos existe um plano de ação e você isolou os pontos essenciais.

Todos sabemos que as empresas passam pelo que Geoffrey Moore chamou de "ciclo de vida da adoção da tecnologia", no qual os preços dos produtos caem quando alcançam a fase de distribuição em massa. Boa parte disso é devido ao fato de que os lucros originais desmesurados em um mercado de oferta limitada atraem concorrentes de baixo custo, o que resulta em menores margens. Não há nada de errado nisso, afinal os volumes de distribuição do mercado de massa também reduzem os custos de fabricação. Assim, embora as margens caiam, ainda haverá lucros suficientes. Todos os gerentes entendem isso e esperam fazer esse acordo (maior volume x margens reduzidas) porque, quando fazem os cálculos, as margens menores sobre volumes maiores ainda geram resultados positivos para os acionistas. Todos sabem disso — exceto Steve Jobs, é claro. Ele e sua equipe na Apple Computer descobriram que o inverso poderia ser verdade também. A Apple usou marketing e promoções maciças para transformar os resultados financeiros da distribuição em massa do iPod. Em vez de baixar o preço ao consumidor, a empresa usou a tremenda conscientização da marca e o "fator da moda" para criar um acessório luxuoso imbatível. O iPod resistiu muito bem à erosão de preços dos inúmeros concorrentes mais baratos e lançou uma dinastia de versões de iPod, todos mais caros do que as ofertas comparáveis. Os lucros do iPod foram impressionantemente altos e tiraram a Apple da falência transformando-a em uma das mais lucrativas e altamente valorizadas empresas de tecnologia de consumo do mundo. Quando este livro foi escrito, o crescimento da receita da Apple foi 50% maior do que a de qualquer concorrente ou empresa comparável — e isso se deve inteiramente ao iPod.

Romper com acordos importantes sempre acabará criando avanços no seu negócio.

O outro lado da verdade

> *O oposto de uma afirmativa correta é uma afirmativa falsa.*
> *Mas o oposto de uma verdade profunda ainda pode ser*
> *outra verdade profunda.*
>
> — Niels Bohr, físico

Quando alcançamos resultados porque somos sensatos, não precisamos pensar sobre a insensatez. Quando não conseguimos nada, precisamos sair dos nossos modelos de pensamento existentes e desenvolver um novo enfoque. Uma maneira simples de alcançar isso é fazer uma lista de tudo que estamos fazendo, pensando e acreditando no momento, e invertê-la. Agora, podemos usar essa ideia invertida como ponto de partida para novas ideias.

Vamos supor que você esteja procurando mais clientes. (Quem não está?) Inverta esse pensamento e qual será o resultado? Você estará procurando menos clientes. Se isso fosse verdade, o que significaria para o seu negócio? Como teria menos clientes, os remanescentes teriam de pagar muito mais. Como seriam esses clientes? (Dica: Provavelmente, eles têm mais dinheiro do que seus clientes atuais.) Onde você encontraria esses clientes? Como chegaria até eles? O que diria a eles? Como você mudaria seu negócio para satisfazê-los? O que ofereceria a eles para induzi-los a gastar mais? Depois de responder a estas perguntas, você talvez se veja diante de um avanço.

Talvez você administre uma empresa de consultoria, e seu maior problema seja a expansão desordenada da empresa, pois o departamento de marketing está trazendo novos clientes a rodo. No entanto, você não acredita que terá condições de atender esses clientes porque não está conseguindo atrair o nível certo de profissionais talentosos, cada qual só podendo lidar com um número limitado de clientes. Inverta essa "verdade". E se cada um dos empregados fosse responsável por um número limitado de clientes? Talvez você comece a imaginar como atender mais clientes com o mesmo pessoal. Que aspectos de sua solução de consultoria poderiam ser automatizados? Que elementos da oferta de serviço poderiam ser sistematizados? E se você criasse fóruns e programas de discussão em grupo? Existem várias soluções para essas questões, e estão bem diante de você; basta fazer a pergunta certa.

Eis algumas verdades típicas e as perguntas que surgem quando você as inverte.

A verdade	Perguntas que surgem quando invertemos a verdade
Precisamos de mais clientes.	Como ganhar mais dinheiro tendo menos clientes?
Precisamos de mais empregados para expandir o negócio.	Como atender mais clientes com as mesmas (ou com menos) pessoas?
Não temos tempo suficiente para cumprir todas as tarefas. Teremos que trabalhar mais.	Como podemos melhorar nosso desempenho em menos tempo e com menos trabalho?
Precisamos expandir nossa presença na Web.	Como podemos nos destacar na multidão usando marketing off-line?
Nossos concorrentes estão nos forçando a baixar os preços.	Como ganhar ainda mais negócios aumentando nossos preços?
O cliente sempre tem razão.	O cliente, em geral, está errado; como podemos transformar isso em uma oportunidade de crescimento?
Precisamos baixar os preços para obter maior participação no mercado.	Como podemos usar nossa posição de mais alto preço para atrair clientes melhores?
As receitas de atendimento devem ser 50% da receita total.	Como podemos ganhar mais dinheiro terceirizando todo o nosso atendimento ou, melhor ainda, criando uma oferta que não precise de suporte?
Nossos clientes querem mais seleção.	Como lucrar tendo uma seleção limitada de produtos exclusivos?
Nossos clientes querem mais serviço.	Como oferecer menos serviço e transformar isso em um ponto de venda?
Os custos de suporte estão nos deixando loucos.	Como transformar o suporte em um centro de lucros?
Precisamos terceirizar nosso suporte no exterior. É a única maneira de pagar pelo serviço.	Como obter fornecedores locais e criar nossa própria empresa de suporte de baixo custo?
Leva-se muito tempo para construir uma marca.	Como podemos usar o status de nossa marca X para desenvolver o reconhecimento do nome de forma mais rápida?

Todos os aspectos do negócio de aluguel de carros constituem um enorme acordo tácito para o consumidor, como se tudo fosse elaborado para ser o mais fácil possível para as empresas locadoras — e isso não é tudo. As lojas de aluguel de veículos, em geral, estão localizadas em imóveis baratos, o que significa que é inconveniente recolher seu carro, assim como é inconveniente devolvê-lo. Exceto em aeroportos e nas cidades grandes, as locadoras de veículos não funcionam até tarde. Essas lojas, em geral, têm longas filas de espera por causa da burocracia, incluindo inúmeras assinaturas e impressos sem fim, todos eles precisando ser rubricados. Os clientes devem pagar por dia (24 horas de uso), embora raramente isso atenda às suas necessidades. Existem várias opções difíceis de entender, juntamente com "sobretaxas" obrigatórias. E como o combustível não está incluído, o cliente precisa encher o tanque antes de devolver o carro, e se não o fizer, nem vai querer ver o preço do combustível. Quem quer que já tenha alugado um carro, sabe disso. Essas são as tristes (e conhecidas) verdades sobre o aluguel de carros.

Quantas dessas verdades podem ser invertidas de uma só vez? E se você criasse um sistema que invertesse (e acabasse) com todas elas? A Zipcar, uma empresa de aluguel de carros baseada na web, que se autointitula "empresa de compartilhamento de carros self-service", foi fundada para fazer exatamente isso. Qual é a visão da empresa? (*"Fornecer acesso confiável e conveniente a transporte sob demanda, complementando outros meios de locomoção."*)

Parece uma locadora de automóveis? A Zipcar implementou todas as ideias recomendadas da Nova Economia e fez uso extensivo da tecnologia, incluindo a internet, redes sem fio, Sistema de Posicionamento Global (GPS) e identificação por radiofrequência (RFP). Toda a empresa funciona à base do autoatendimento, sendo as reservas feitas on-line, o que significa que não há longas filas. Não há lojas de atendimento; os carros são deixados em locais convenientes pela cidade. Como não existem escritórios, não há horário de funcionamento — a empresa opera 24 horas por dia. Os aluguéis podem ser por hora, por dia ou por semana; assim, o cliente usa o carro quanto quiser ou pelo tempo necessário. Tudo — impostos locais, seguro, combustível, até mesmo rádio satélite — está incluído no preço. Os números financeiros da empresa são confidenciais, mas os comunicados à imprensa indicam que a empresa está crescendo muito mais rápido do que 100% ao ano.

Pense grande

Em sua obra clássica de 1959, *A mágica de pensar grande*, David J. Schwartz nos diz que o pensamento governa a ação, as ações governam os resultados e o tamanho das nossas ideias afeta e multiplica o tamanho dos resultados. De acordo com Schwartz, pensar pequeno e produzir resultados limitados não é mais fácil do que pensar grande, gastar uma quantidade igual de esforço e gerar resultados espetaculares. É pouco provável que quem ganha cinco vezes mais do que você seja cinco vezes mais esperto, melhor ou mais sortudo — é simplesmente questão de pensar cinco vezes maior do que você. No entanto, Schwartz também afirma que é preciso querer, e esse único desejo pode ser o ingrediente mais bem guardado para o sucesso.

Embora existam muitas diferenças entre Bill Gates e alguém que começa uma consultoria de software para sustentar a família, a principal diferença é que Gates teve a visão de mudar o mundo colocando um computador pessoal em cada escritório e em cada casa. Isso sim é pensar grande! Henry Ford deixou para trás seus concorrentes com a visão de colocar um carro em cada garagem nos Estados Unidos.

As pessoas sensatas dimensionam suas aspirações de forma proporcional ao que podem sentir ou imaginar. Talvez de forma mais limitadora, esse dimensionamento seja ditado pelos que acham que os outros perceberão como normal. Os sensatos não querem ser criticados por ter visões grandiosas ou pretensiosas. Muitos ouvem de seus pais e professores para não "dar o passo maior do que as pernas" e avançar um passo de cada vez. Por isso, pensar pequeno é considerado sensato e vice-versa. Pensar grande certamente é insensato. Está além de todas os preconceitos que a maioria das pessoas têm de si mesmas e de suas habilidades. É uma maneira rápida de alcançar grandes resultados. Na verdade, pode ser um requisito para alcançar grandes resultados.

Gates e Ford são dois exemplos conhecidos. Michael Port, treinador de pequenas empresas, é outro. "É insensato pensar que as pessoas querem se gabar do que têm a oferecer ao mundo. Quem sabe, mas a única forma de descobrir é oferecer algo e ver a reação das pessoas. Eu fui modesto nas minhas pretensões como ator, não me arrisquei. Talvez por isso tenha fracassado. Hoje, faço tudo em público e corro riscos."

Grande e público, é isso o que torna Port um sucesso. Todos os seus passos são públicos. Se ele tem uma ideia, cria um site e convida as pessoas para participar. Em seguida, reúne sua energia colaborativa para melhorá-lo, promovê-lo e fazê-lo crescer até que o empreendimento ganha vida própria. Esse modelo é muito diferente da forma mais razoável de proceder da maioria das empresas. Normalmente, as empresas tentam controlar suas ideias, as desenvolvem em segredo e lançam os produtos apenas quando estão "prontos". O que é mais surpreendente é que Port diz que ele é sensível e está preocupado se as pessoas gostam dele ou não, por isso acha toda essa visibilidade um tanto assustadora. Pode ser isso o que o torna tão insensato — mas ele vai em frente. Port realmente acredita nisso; um de seus projetos se chama "Think Big Revolution" (A revolução dos que pensam grande), que é uma comunidade on-line de pessoas que se apoiam em seu trabalho para "defender uma ideia" e, é claro, "pensar grande". Na verdade, ele garante que todos os participantes pensarão melhor sobre quem são e o que têm a oferecer ao mundo.

Em vez de vender, eu convido as pessoas para o meu ambiente e pergunto se querem fazer coisas legais comigo. Estou convidando, e até hoje elas continuam vindo. Acredito mais no poder das pessoas no meu ambiente do que em minhas próprias peculiaridades. Muitas pessoas falam sobre isso. Você precisa conseguir colocá-lo em prática.

— Michael Port

Pensando sobre o futuro

Paul Scheele, o gênio por trás de um sistema de aprendizagem acelerada usado em todo o mundo denominado PhotoReading (FotoLeitura), afirma que as pessoas normais gastam 20% do tempo identificando uma solução e 80% do tempo colocando-a em prática. As pessoas insensatas invertem esses números e passam 80% do tempo definindo o problema e bolando uma solução. Os outros 20% gastos com a mecânica da coisa são muito mais eficazes. A medicina ocidental convencional é tão popular porque oferece rapidamente uma solução para acabar com os sintomas. No entanto, eles voltam, só que de forma diferente. Isso acontece porque queremos soluções rápidas e não lidamos com as verdadeiras causas do problema. Assim, resolvemos o problema apenas de forma aparente, o que leva a outro resultado não-intencional e assim por diante. Scheele chama isso de oscilação (problema/solução/problema/solução/problema...). Um dos motivos da oscilação é que as pessoas sensatas buscam soluções no *passado remoto*, em outras palavras, encontram algo que funcionou antes, e repetem. Entretanto, como a solução é histórica, em geral, está mal adaptada ao problema atual, gerando resultados inesperados.

E se você partir do pressuposto de que uma solução *criativa* — por definição — parecerá bem diferente do que o esperado? Algumas pessoas criativas chegam ao ponto de considerar que a solução desejada era algo que não queriam. Pensar de forma insensata requer transcender o passado, ideias preconcebidas e, em vez disso, usar o que Scheele chama de "a mente primordial". Pense em *primordial* como sendo semelhante a *virgem* ou *novo*.

Considere o seguinte: os analistas do Mental Research Institute fizeram uma pequena experiência em que pediram que as pessoas se autoavaliassem em vários critérios usando uma escala de 1 a 10. Independentemente da avaliação dada, se o pesquisador perguntasse "Por que você se deu essa nota e não outra mais alta?", as pessoas começavam a contar tudo que estava errado com elas. Se o pesquisador perguntasse "Por que você se deu essa nota e não outra mais baixa?", as pessoas falavam sobre suas boas qualidades pessoais. Em outras palavras, suas respostas dependiam mais da programação incorporada na pergunta do entrevistador do que em entender seu passado.

Você pode controlar sua forma de pensar fazendo as perguntas certas. Se quiser ter ideias insensatas, faça perguntas insensatas que exijam respostas insensatas. É fácil assim.

Em 1985, Scheele foi contratado pela IDS/American Express para aplicar técnicas de aprendizagem acelerada em um projeto a fim de ajudar as pessoas a absorver informações de forma mais rápida. Quando a empresa dele, a Learning Strategies, concentrou seu interesse na leitura, o resultado geral parecia muito com o processo de leitura, só que mais rápido. A IDS estava querendo algo mais poderoso. Quando Scheele reformulou a pergunta, eliminando a leitura como parte da formulação do problema, o resultado foi um modelo inteiramente novo. Ele simplesmente perguntou como "inserir" essas informações diretamente no cérebro de modo que fossem facilmente recuperáveis mais tarde. Esse modelo não parecia mais com leitura, e a empresa chegou ao conceito de "fotografia mental", permitindo que a parte não-consciente da mente registrasse imagens da página impressa em velocidades super-rápidas. O resultado foi que o programa de FotoLeitura desenvolvido por Scheele se tornou internacionalmente bem-sucedido.

Tenha medo da coisa certa

Somente o desconhecido assusta o homem. Mas assim que o homem enfrenta o desconhecido o terror torna-se conhecido.

— Antoine de Saint-Exupéry

Todas as coisas insensatas — porque desafiam as normas convencionais, aquilo que já foi consagrado, a sabedoria popular — têm um elemento de perigo em si. Com o perigo vem o medo. Ser insensato — estar disposto a desafiar o *status quo* e a desviar-se da norma — nada tem a ver com não ter medo. Envolve ser corajoso. Coragem não é ausência de medo nem disposição para fazer coisas perigosas. Coragem é agir diante do medo.

Quando seguimos o senso comum, a vida é estável e segura, e é por isso que as pessoas preferem assim. Mas no mundo selvagem as coisas são muito mais complicadas, perigosas e cheias de riscos. É preciso saber lidar com a situação. Por sorte, por causa da evolução, estamos preparados para isso. Existem ligações genéticas no cérebro que parecem ter sido criadas para registrar os perigos no ambiente; os cientistas chamam isso de sistema de ativação reticular. É parte do tronco cerebral primitivo. Como muitas partes do cérebro, essa função é pouco conhecida, mas parece estar ligada à nossa capacidade de avaliar se o que está acontecendo no mundo é bom ou perigoso. Embora provavelmente tenha evoluído para nos ajudar a identificar tigres-dentes-de-sabre ou mudanças climáticas, o sistema de ativação reticular parece facilitar a detecção de uma ampla gama de oportunidades e ameaças.

Isso significa que quando algo ameaçador acontece, nossos sensos ficam mais agudos e podemos ver sua aproximação, aumentando nossas chances de sobrevivência. O conhecimento de que você possui esse sistema interno de aviso deve reduzir seu medo. E isso pode ser importante, já que ser insensato significa que seu nível de agitação sempre será maior do que o normal. Se você não tiver medo de nada, é sinal de que não está correndo riscos e não está fazendo nada que valha a pena.

Todos os empreendimentos significativos levam você a dar um passo além. Ser de vanguarda é parte do que os tornam atraentes em primeiro lugar e, por sua própria natureza, qualquer iniciativa envolve incerteza e riscos. Um lance errado, um momento ruim ou simplesmente má sorte podem ameaçar suas finanças, sua reputação, sua carreira, sua saúde e, possivelmente, sua longevidade. As pessoas insensatas muitas vezes sentem medo, com razão. E daí? Tenha certeza de que você está com medo da coisa certa. Infelizmente, em geral, focamos nosso medo na situação errada.

Jorge era um cirurgião que chegara a um ponto na vida em que detestava seu trabalho. Ele conta que ser médico era seu destino desde que nasceu: seu pai era médico, seus dois irmãos mais velhos eram médicos e sua irmã também. Sendo o caçula da família, ele sentia que não tinha outra opção, a não ser seguir seus passos. Depois de 11 anos de prática, Jorge finalmente admitiu o quanto detestava sua vida. Cada dia era mais difícil e doloroso do que o anterior. Dois grandes obstáculos o impediam de mudar: sua posição na família e o salário de médico. Apesar dessas poderosas influências, ele finalmente chegou ao ponto em que não aguentava mais fazer cirurgias e corajosamente abandonou a prática para se tornar defensor dos direitos dos pacientes e autor.

Dois anos depois, embora ele tenha se realizado emocionalmente com sua nova carreira, ainda não conseguia um bom retorno. Sua esposa o pressionava para voltar às cirurgias, e ele estava pensando seriamente nisso. Ele recebeu uma oferta para trabalhar como cirurgião contratado e estava prestes a aceitá-la. Ligou para mim pedindo conselho. Jorge me disse que estava com medo — medo de que nunca teria condições de sustentar a família. Eu pesquisei as condições do cargo e descobri o que voltar às cirurgias significaria para ele. E, de fato, havia razão para estar com medo, mas seu medo estava maldirecionado. Ele precisava ter medo de voltar para a vida que tanto detestava. Jorge precisava ter medo de abandonar seu sonho.

Coragem não é ausência de medo. Não ter medo, às vezes, é tolice. O medo, assim como a dor, é muito útil; é por isso que existe o sistema de ativação reticular. Queremos estar alertas aos potenciais perigos, e o medo — corretamente canalizado — nos impulsiona a agir. É ele que nos deixa a postos e nos faz correr ainda mais rápido quando aquele tigre-dentes-de-sabre nos ataca. O medo é um poderoso aliado.

Tenha medo das coisas certas. Os medos que funcionam a nosso favor são aqueles que nos impedem de ser complacentes. Mantêmnos focados nas ameaças que podemos enfrentar e nas situações que podemos aproveitar. No caso de Jorge, ele estava com medo de não ser capaz de sustentar a família. Também tinha medo que a esposa o deixasse, caso não ganhasse algum dinheiro. Redirecionando seu medo de assumir um trabalho deprimente, ele fortaleceu a motivação para vencer financeiramente em sua nova e satisfatória carreira. Seu medo de voltar à velha vida lhe deu o impulso necessário para se promover com eficiência.

Precisamos encarar nossos medos. Isso sim é coragem. Você escolheu ser insensato para poder conquistar grandes feitos. O medo faz parte do pacote. Não deixe que ele detenha você.

E se tiver medo das coisas erradas? Os medos errados são aqueles que fazem você se afastar da sua visão. Esses são os sentimentos que fazem você congelar no caminho e o impedem de agir. É fácil saber a diferença. Os medos que o fazem agir, em geral, são bons; aqueles que o paralisam, em geral, são ruins. Você precisa descobrir o que está causando esses medos "ruins", aqueles que o tornam menos eficaz.

No caso de Jorge, ele estava com medo de que sua nova carreira nunca fosse gerar recursos suficientes para sustentar a família. Um pouco de investigação mostrou que era bem básico o que estava por trás desse medo: não saber como tornar seu novo empreendimento lucrativo. Em vez de se preocupar com uma nova transição, ele conseguiu redirecionar sua atenção para o desenvolvimento do negócio. Seu medo original não era irracional; simplesmente não iria levá-lo ao alvo desejado.

Um medo comum que os empresários sentem com frequência é da espionagem por parte de concorrentes. Esse medo pode ser interpretado de algumas maneiras diferentes. Se os proprietários estão preocupados em ir à falência, isso é ruim e pode paralisá-los. Se, em vez disso, o medo for canalizado para melhorar o posicionamento da empresa e aumentar o número de clientes potenciais, impulsionando o negócio em direção a um marketing mais eficaz, esse medo pode ser promissor.

Andy Grove, ex-CEO da Intel, é famoso por dizer "Quando se trata de negócios, eu acredito no valor da paranoia". Grove não estava brincando sobre sua paranoia; ele simplesmente tinha medo das coisas certas.

Como a insensatez o levará por caminhos desconhecidos e insondáveis, vai aumentar seu nível geral de ansiedade. Certifique-se de que, quando acontecer, você estará direcionando seu medo para as coisas certas, e não coisas que sua mãe ou seu chefe anterior ensinaram a você. Use o medo como seu aliado. Concentre-se nos problemas mais importantes. Procure compreender o que está por trás do desconforto e desenvolva novas soluções. Use o medo para conquistar avanços.

Do que você deveria ter medo? Eis uma breve lista de elementos que poderiam paralisá-lo — e talvez tirar algumas noites de sono:

Arrogância
Ignorância
Complacência
Espionagem da concorrência
(Também devemos ter medo da crença obviamente falsa de que somos intocáveis e imbatíveis.)

118 Seja insensato

Tecnologias inovadoras
Modelos de negócios insensatos (dos outros)
Globalização
(Se você não fizer parte da solução, será parte do problema.)
Não ter capital suficiente
Previsões de vendas excessivamente otimistas
Modelos de negócios insustentáveis
Perda de foco
Falsas crenças que você tem certeza de que são corretas
Estatísticas
Homens e mulheres que só dizem sim
Sensatez

Evidentemente, existem muitas outras ideias, atitudes, situações de mercado e condições financeiras que são alvos certos para o medo. Tenha certeza de que conseguirá agir diante das situações. Isso é o que as torna saudáveis e produtivas.

Esqueça o preconceito

Todos somos prisioneiros de nossa própria experiência. Ninguém pode acabar com o preconceito — somente reconhecer sua existência.

— Edward R. Murrow

Paul Dirac, físico ganhador do Prêmio Nobel, disse: "Os grandes avanços na física sempre envolveram abrir mão de algum grande preconceito." O que vale para a física também vale para os negócios. Os seus preconceitos — julgamentos ou opiniões adversas formadas de antemão ou sem conhecimento ou análise adequada dos fatos — são resultado de sua experiência passada. Você talvez ache que seus preconceitos, se é que pensa neles, são meros atalhos para evitar enfren-

PENSAMENTO *INSENSATO* 119

tar os mesmos problemas várias vezes. Esta é uma boa maneira de encarar os fatos; faz você parecer muito eficiente e tal, mas os preconceitos ainda assim são ruins. Impedirão que você veja a realidade, uma vez que você já "sabe" como as coisas são. Ótimas oportunidades nos negócios são sempre resultado de mudanças que estão acontecendo *agora*; se você permanecer cego por causa do preconceito, não conseguirá ver as mudanças até ser tarde demais.

Os preconceitos são funções cerebrais automáticas que confundimos com pensamento, por isso o primeiro passo para nos livrarmos deles é tomarmos absoluta consciência deles. Os preconceitos geralmente são resultado de algum tipo de aprendizagem sólida ocorrida em resposta a uma situação semelhante em um contexto completamente diferente. Em geral, a situação envolvia algum forte conteúdo emocional associado — ou você se deu muito bem ou muito mal, fazendo com que o preconceito ficasse enraizado em seu cérebro.

A consciência ocorre quando um organismo torna-se ciente de sua própria existência. Seu trabalho é se tornar (e permanecer) ciente do que está acontecendo em seu cérebro. Reconheça quando estiver repetindo as mesmas ideias várias vezes em resposta a circunstâncias iguais. Esse é, certamente, um sinal de que você não está realmente pensando, mas simplesmente reproduzindo alguma fita antiga, que não serve mais. (Fitas antigas nunca funcionam.) Outra forma de se policiar é questionando se as suas ideias fazem algum sentido no contexto atual. Se não fizerem, é mais um sinal de que essas ideias são resquícios de alguma experiência passada.

Quando você decide pensar sobre determinado assunto, vale a pena examinar quais são suas ideias atuais. Comece fazendo uma lista de crenças que possui sobre determinada questão. Enumere-as e depois, uma a uma, anote o motivo pelo qual acredita que essas crenças são realmente verdadeiras. Leve isso um passo adiante e anote — caso consiga se lembrar — de onde veio cada crença. Agora que já sabe o que se passa em sua mente, tem uma chance de avaliar a situação.

Faça as seguintes perguntas: Essa ideia ainda é verdadeira? Essa crença facilita ou dificulta a resolução do problema? Será que devo continuar acreditando nela?

Pode ser difícil abrir mão de preconceitos enraizados, principalmente porque não conseguimos vê-los como realmente são. Esse processo ajudará você a afrouxar o julgamento que determinada ideia exerce sobre você. Assim que começar a questionar crenças antigas e antiquadas, elas enfraquecerão. Continue assim e, por fim, elas perderão sua força.

Repita esse processo com sua equipe. Primeiro, peça a eles para fazer o exercício por conta própria e depois, em grupo, coloque todas as crenças no quadro para que possam ser destrinchadas uma a uma. O exercício tem o potencial de abrir por completo seu projeto.

Crie um grupo de especialistas

Somente um tolo acredita que sabe todas as respostas.

— Provérbio chinês

Assim que decidir que está na hora de dar um passo além dos seus limites e de suas crenças, é melhor procurar ajuda. Como você talvez se torne prisioneiro de sua própria mentalidade (quem não é?), pensar por conta própria pode ser muito limitante. Uma maneira garantida de lidar com essa questão é criar um grupo de especialistas para ajudar a pensar sobre cada questão.

O que é um grupo de especialistas? É um grupo de pessoas inteligentes e sagazes que ajudarão você a elaborar suas ideias. Ter um grupo de especialistas à disposição é como ter seu próprio grupo de pesquisa particular, com o qual pode contar para conseguir respostas, desafiar suas ideias e colher o benefício de ouvir a experiência de terceiros.

O grupo de especialistas, ou aliança de gênios, foi inventado por Napoleon Hill, o autor de *Pense e enriqueça* que baseou seu livro em milhares de entrevistas com lendas da indústria, como Henry Ford, Thomas Edison e o seu patrono Andrew Carnegie. Hill descobriu que Ford, Edison e o magnata dos pneus Harvey Firestone tinham um grupo de peritos que se reunia regularmente para pensar em seus interesses de negócios. Segundo eles, um grupo de especialistas multiplica sua capacidade de pensar criativamente e apresentar soluções exclusivas e poderosas para seus problemas de negócios. Hoje, esse princípio é usado em muitas empresas: a Disney, por exemplo, reúne equipes de "Imagineers" (empregados da Disney) para fazer brainstorming e criar novas oportunidades.

Implemente esse princípio na sua empresa reunindo equipes dos seus melhores talentos com o objetivo patente de multiplicar sua capacidade de pensar. Seu grupo de especialistas pode ser formado por grandes mentes de dentro ou de fora da empresa, e talvez haja mais de um desses grupos de peritos reunidos de cada vez. Pode incluir pessoas que tenham intimidade com o setor ou outras, que nada sabem sobre o ramo. Escolha aquelas que possam contribuir e que não tenham vergonha de expressar suas ideias. Além disso, escolha as que não tenham medo de ferir seus sentimentos e que sejam sagazes e inovadoras. Exponha seus problemas e ideias ao grupo de especialistas e peça aos membros que deem o melhor de si.

Seu grupo de especialistas pode ser convocado para realizar reuniões regulares ou somente quando houver um problema específico para resolver. Outras pessoas podem enxergar as coisas sob uma ótica diferente, enquanto você só consegue ver a mesma coisa repetidas vezes. Sua experiência é diferente; o contexto é diferente; sua perspectiva é diferente. Como suas ideias não serão diferentes? O grupo de especialistas pode ser especialmente útil para dar um passo além das normas da sua empresa e indústria, porque as ideias que as pessoas levam para discussão são provenientes de outra fonte.

Tire a sexta-feira de folga

Manter firmeza de propósito dá trabalho e as pessoas que seguem práticas insensatas de negócios em geral trabalham muito. Isso ocorre porque estão tentando realizar algo importante, e isso demora. Não é incomum as pessoas trabalharem 40, 50, 60 ou até mesmo 80 horas por semana, o que — com o tempo — pode levar a formas antiquadas de pensar. Em algum momento, a criatividade simplesmente vai embora e o tempo no trabalho torna-se contraproducente. Cada vez que dedicamos mais e mais tempo a determinada tarefa, ficamos menos eficientes, e o resultado é que as tarefas demoram cada vez mais para terminar. Quando isso acontecer, *tire a sexta-feira de folga*.

Saia do escritório e deixe sua mente descansar. Faça o que for preciso para se reinventar. Golfe, tênis, relaxar na piscina, caminhadas ao ar livre, ler um romance na biblioteca, cortar a grama, passear de carro, andar de bicicleta, jogar xadrez, ir ao cinema... Qualquer coisa que possa tirar seu foco do trabalho para que você tenha condições de desacelerar e recarregar sua força criativa.

Tirar um tempo de folga para aumentar a produtividade é contraintuitivo (boas ideias em geral são) e pode ser alvo de críticas no seu ambiente de trabalho. Não importa — chame-o de dia da saúde mental e considere a possibilidade de deduzir impostos pelas despesas incorridas nesse dia porque estão relacionadas com o trabalho. Em geral, a insensatez requer folgas periódicas. O tempo do fim de semana não conta; esse tempo já é bem aproveitado. Você precisa do tempo dos dias de semana. Vadiar quando deveríamos estar trabalhando no escritório tem suas próprias propriedades restauradoras. Reduzir sua semana de trabalho em oito ou dez horas não vai diminuir seu volume de trabalho, mas também não vai aumentá-lo — simplesmente, você terá de ser mais eficaz durante o restante da semana.

Olhe para outras indústrias

Cada indústria tem seus próprios meios e métodos para fazer negócio. O que é comum em um setor pode parecer radical em outro. Um método excelente de sair das restrições do seu negócio e gerar avanços é examinar áreas diferentes da que está acostumado e encontrar formas de adaptar seus métodos à sua situação.

Isso funciona por que, por mais diferente que uma empresa seja da outra, surpreendentemente existe um pequeno número de estratégias essenciais. A maior parte delas deriva das estratégias militares e baseia-se em conflitos armados. A lista a seguir, tirada de um antigo texto anônimo, é bastante abrangente: podemos atacar nossos inimigos de frente; atacar por trás, em seus flancos ou cercá-los; podemos concentrar nossas forças ou dispersá-las; podemos ser ágeis e destruir nossos inimigos como se fossem cães; fazer uso de jogos de cena, parecer estar onde não estamos; usar forças ou armas superiores ou velocidade maior; anunciar nossa presença, surpreendê-los ou ficar escondidos; atacá-los no campo de batalha ou arrasar com sua terra natal; interditar suas linhas de suprimentos; atacar seus vizinhos e aliados; atacá-los politicamente; ou cercar sua fortaleza.

Cada uma dessas estratégias militares tem um análogo no mundo dos negócios, quer em conflitos com concorrentes, quer — para agonia de muitos — nas relações com clientes ou *stakeholders*. Existem adaptações específicas a serem feitas para a área de fabricação, suprimentos, logística, distribuição, finanças, vendas e marketing. A lista total não é longa, e sua natureza limitada significa que as pessoas em outros setores abordaram os mesmos problemas que você enfrenta agora, embora tenham lidado com eles de forma diferente.

A LifeWings, cujo CEO, Steve Harden, foi instrutor de pilotos da Marinha norte-americana, ensina algo chamado Gestão de Recursos da Tripulação para equipes de cirurgiões em hospitais. Esse método exclusivo de estruturar a comunicação e de sistematizar procedimentos dificulta ainda mais a ocorrência de erros e acaba por eliminar o que a comunidade médica chama de "erro médico". O processo de vendas para persuadir os hospitais a usar essa maravilhosa ferramenta é chamado de venda complexa, o que significa que muitas pessoas estão envolvidas no processo de tomada de decisão, e isso pode demorar muito. Harden observou que, a menos que o CEO ou diretor médico do hospital estivesse envolvido, a probabilidade de fechar a venda era praticamente nula. Embora o CEO ou o diretor médico fosse o principal responsável pela decisão, em geral, ele não fazia parte do processo de venda por si só. Os médicos são tradicionalmente protegidos contra vendedores, preferindo ser bajulados por mediadores como vice-presidentes, diretores financeiros e gerentes de risco. Harden mudou as regras do jogo usando a cartilha da indústria do software, um setor que compartilha os mesmos problemas que a LifeWings enfrentou com relação ao acesso a quem efetivamente toma a decisão. Na verdade, a situação típica é quase idêntica, exceto pelo fato de que, na indústria de software, eles já encontraram uma solução. De forma simples e gentil, mas firme, diga ao seu cliente potencial: sem acesso ao CEO, não há apresentação de vendas. Dessa forma, se o cliente potencial achar que sua solução é boa, ele terá que concordar com você. Isso sim é insensatez! Imagine dizer a um cliente potencial que você só pretende falar com ele quando uma reunião for marcada.

"Seja sensato", afirmam eles. "Não podemos marcar essa reunião. O dr. X simplesmente não vai conseguir encaixá-la na sua agenda." A norma é que os médicos tenham condições de ficar de fora, e todas as pessoas sensatas respeitam isso. Mas a LifeWings fez exatamente o contrário. Assumiu uma posição e insistiu nela. Você pode fazer isso quando acreditar que seu produto é melhor que o da concorrência. Harden disse aos clientes potenciais: "Se quiserem a solução, precisarão marcar a reunião. Esta é a única maneira em que poderemos ajudá-los a alcançar seus objetivos." A ótima notícia para todos — o hospital, os pacientes e a LifeWings — é que funcionou. O tempo de ciclo de vendas caiu e as vendas estão subindo.

Procure ideias de outros setores quando os enfoques razoáveis no seu setor não estão funcionando como você gostaria. Como descobrir o que fazer? Procure negócios que estejam estruturados de forma semelhante ao seu, tendo, inclusive, problemas semelhantes aos seus. Leia suas publicações e boletins comerciais, participe de suas conferências e até mesmo contrate seus consultores. Descubra como conseguem resolver esses problemas. Será que esses processos podem ser adaptados à sua situação atual? Se for o caso, experimente e adapte-os para que sirvam.

Pensamento PO-tencial

Quem não consegue se lembrar do passado está condenado a repeti-lo.

— George Santayana

Quando suas crenças são diferentes das do restante do grupo, você está declarando: "Estou certo e todo mundo está errado." Essa é uma posição muito desagradável. É, ao mesmo tempo, empolgante e um convite para ser atacado.

— Larry Ellison, co-fundador da Oracle

"PO!", diz Edward De Bono.

PO?

Sim, PO, uma palavra que De Bono afirma estar entre o sim e o não, mas que tem um sentido bem diferente de ambos. É uma palavra criada para gerar movimento, embora sem criticar o valor do movimento. PO é o termo que De Bono usa para representar uma provocação, e sugere que muitos problemas difíceis podem ser resolvidos "desestabilizando a mente", livrando-a de seus preconceitos e afastando-a de padrões gastos pelo tempo. É como temperar o metal. Cristais de aço formam uma estrutura que, embora estável, não é lá muito firme. Aquecendo-a a uma temperatura alta o suficiente permite desestabilizar o arranjo dos cristais, fazendo-os se reagruparem em outro padrão, que é muito mais sólido.

PO desestabiliza a estrutura de cristal da sua mente, gerando ideias possivelmente mais firmes. Como isso funciona? De Bono apresenta o seguinte exemplo: não existe um número suficiente de motoristas de táxi licenciados na cidade de Londres. Em vez de apresentar uma solução específica, que muito provavelmente se baseia em conceitos anteriores, você faz uma provocação, algo que é gerado não para oferecer uma solução, mas para fazer as pessoas pensarem de forma diferente daquela que sempre pensaram.

A provocação PO surge em frases como esta, por exemplo: "Os motoristas de táxi não conhecem as ruas da cidade." Isso não implica que você apoie essa ideia, simplesmente que a ideia existe. As pessoas, então, começam a pensar. "Bem, *e se* os motoristas de táxi não conhecerem as ruas da cidade? O que acontece? Esses táxis não serão muito úteis, a não ser... a não ser que possam ser usados apenas por residentes, afinal os residentes no local sabem indicar o caminho desejado. Eles poderiam circular com um ponto de interrogação no alto do carro. Poderiam ser mais baratos. Poderiam ser usados como "táxis de treinamento", onde os motoristas aprendem e recebem por isso. Além disso, como podem ser usados apenas por residentes, isso aliviaria a disputa dos turistas por táxis." Todas essas ideias surgiram a partir de uma provocação PO e realmente começam a fazer sentido, cristalizando-se em uma solução potencialmente interessante.

Ou, então, use este exemplo provocador: os aviões pousam de cabeça para baixo. A partir desta provocação, surge a ideia de uma sustentação negativa proveniente das asas de cabeça para baixo. Desta ideia vem a de adicionar a sustentação negativa aos aviões usando pequenas asas de cabeça para baixo. Em uma emergência, os pilotos precisam de sustentação extra *muito rapidamente*, o que é bem difícil de arquitetar. Adicionando pequenas asas de cabeça para baixo a um avião, sempre haverá um pouco de sustentação negativa, o que seria imediatamente cancelado (com a rotação das asas ou o uso de ailerons), conferindo aos pilotos uma fonte imediata de sustentação positiva tão necessária. As provocações não devem ser classificadas como certas ou erradas; elas simplesmente existem, e geram movimento a partir de onde podemos avançar em direção a novas ideias. O formalismo das provocações ajuda as pessoas a evitar juízos de valor sobre a provocação em si ou as respostas; sabemos que essa falta de julgamento — bem insensato para um grupo de pessoas de qualquer tamanho — aprimora o processo criativo. Esse método é tão eficaz que durante uma oficina recente realizada pelo dr. de Bono, em uma fábrica de aço na África do Sul, 20 pessoas geraram 21 mil novas ideias em uma tarde. As provocações por si só são insensatas — rompendo com o passado, rompendo com as normas — porque são sempre ideias que nunca foram testadas e talvez não sejam conhecidas, como, por exemplo, "os carros têm rodas quadradas" ou "robôs educando as crianças".

O objetivo deste livro não é ensiná-lo a pensar; isso seria criar ainda mais regras a serem seguidas, que, evidentemente, você um dia acabaria tendo que quebrar. Em vez disso, considere essas ideias como oportunidades para pensar de forma diferente. Experimente-as, começando em qualquer momento; cada uma delas levará você por um caminho diferente. Aplique as regras para quebrar as regras ou o pensamento PO-tencial. Talvez você precise romper com os compromissos já estabelecidos, ou talvez analisar outros setores. Às vezes, o impulso que precisa para criar uma ideia inovadora é simplesmente tirar a sexta-feira de folga, sair do escritório e chamar sua equipe de especialistas. Ajuda se você deixar seus preconceitos para trás. Ideias insensatas estão apenas ao alcance da sua imaginação.

Agora que você escolheu seguir uma estratégia insensata e descobriu um novo enfoque sobre como pensar a respeito do seu negócio, é hora de escolher a tática que vai ajudá-lo a alcançar suas metas. Essas táticas serão insensatas, e não as tradicionais táticas de marketing ou vendas. Pelo menos, algumas iniciais.

CAPÍTULO **5**

TÁTICAS *INSENSATAS*

Embora uma lista de *core business** seja limitada, uma lista similar de táticas de negócios será praticamente infindável. As táticas são as manobras ou os procedimentos específicos que você empregará para alcançar de fato algum objetivo. Por exemplo, sua estratégia pode ser utilizar veiculação na mídia e atingir um público amplo, difícil de identificar; a tática específica pode ser infocomerciais televisivos de resposta direta exibidos tarde da noite. Este capítulo não será uma enciclopédia sobre táticas de negócios. Longe disso. Em vez de um catálogo que pretenda abarcar várias estantes de bibliotecas, este capítulo contém uma série de táticas insensatas que visam ilustrar abordagens que contradizem as normas adotadas por muitos de nós. Essas táticas podem ser aplicáveis ao seu negócio e podem ser úteis imediatamente, ou não. Em qualquer um dos casos, elas pretendem oferecer um ponto de partida para você energizar seu pensamento insensato.

Core business é uma expressão que significa a parte central de um negócio, que é geralmente definido em função da estratégia dessa empresa para o mercado. Essa expressão, normalmente, é utilizada para definir qual o ponto forte e estratégico da atuação de uma determinada empresa. (*N. do E.*)

A verdade sobre preços

A primeira tática insensata diz respeito aos preços. Reduzir os preços é uma das estratégias de vendas mais antigas, frequentes e *sensatas* que existem. Parece que é simplesmente um tradicional senso comum. Além disso, todo o mundo pratica, mas isso não significa que você deva fazê-lo. Ao reduzir os preços, você poderá efetuar a venda, mas os lucros vão afundar como uma pedra na água. Ganhar dinheiro torna-se pior que perdê-lo. Observe.

Suponha que seu produto custe US$ 70 para ser fabricado, e que você o venda por US$ 100. Em cada venda, você ganha US$ 30, uma margem de lucro de 30%. Então, um consumidor durão entra na sua loja. Ele diz que pesquisou na internet e encontrou uma empresa estrangeira que vende um produto similar ao seu com preço menor. Ele pechincha. Ele reclama. Você decide que um preço menor é melhor que não vender, e então oferece um desconto de US$ 20 e vende o produto por US$ 80. E US$ 80 ainda pode lhe parecer um bom negócio, até que faça as contas. Os US$ 20 que você retirou não vieram dos seus custos (afinal, você pagou a seus distribuidores integralmente pelos bens e serviços). Os US$ 20 evaporados vieram de seu lucro bruto, que pagam pelo seu tempo e tudo mais que sua empresa oferece.

Você acabou de desvalorizar seu tempo e sua empresa. Em vez de obter um lucro de 30%, você o reduziu a 13%. A redução de 20% no preço custou a você 67% de seus lucros. Você acaba de ganhar menos da metade do que ganharia anteriormente. Você pretende tocar um negócio em que lucra apenas metade do que poderia?

Podemos argumentar facilmente que US$ 13 é melhor do que nada. Mas as reduções de preço tendem a provocar um efeito de espiral decrescente nos negócios. O preço reduzido geralmente fica sendo o novo preço, e permanece baixo. Em nosso exemplo, aquele produto de US$ 100 que você acabou de vender é agora, sinto ter que dizer, um produto de US\$ 80. Por quê? Outros consumidores descobrirão que você fez concessão no preço, e vão exigir o mesmo para si.

O que é pior é que isso pode chegar aos ouvidos dos seus concorrentes, fazendo-os sentir que devem reduzir também seus preços. De uma hora para outra, você estará no meio de uma guerra de preços, que reduzirá ainda mais sua margem de lucros. Antes de usar a redução de preços como tática de vendas com pessoas que estão hesitando em gastar dinheiro, tente algumas outras abordagens para fazer a transação. A seguir temos quatro dessas abordagens.

1. *Faça substituições.* Quando o cliente em potencial diz "Não posso pagar o que você pede", você responde: "Que parte do meu produto você gostaria que eu removesse para que possamos reduzir o preço?" Em outras palavras, você receberá menos dinheiro, mas o valor do que está oferecendo será incomensuravelmente menor.

2. *Aumente os prazos de pagamento.* Algumas vezes, os clientes em potencial acreditam que seu preço é justo, mas, ainda assim, não conseguem pagá-lo. Se isso acontecer, proponha o pagamento meio a meio, metade no ato do fechamento e a outra metade no fim. Ou, se você estiver absolutamente seguro sobre seu produto, espere para receber a importância total no fim. Ou proponha pagamentos parcelados para que seu cliente possa pagar em 24 meses. Seja criativo.

3. *Ofereça extras.* Em vez de reduzir seus preços, ofereça extras, como instalação gratuita, garantia estendida, vagas em um seminário ou um manual impresso. Idealmente, os itens a serem oferecidos devem custar quase nada para você, mas deverão ter um alto valor percebido pelos clientes.

4. *Ofereça atendimento inicial gratuito.* Ofereça a seus clientes atendimento inicial gratuito, caso fechem transações de longo prazo.

Aqui está um exemplo desta última tática. Um consumidor de um cliente meu, uma empresa de software, adquiriu um software de preço bastante elevado, mas se recusou a pagar os 18% extras exigidos pela empresa para um acordo de manutenção permanente do produto. Isso não parece um grande problema, certo? Errado.

No negócio de software, um consumidor sem um contrato de manutenção tende a se tornar sovina. Por quê? Considerando que ele sabe que toda vez que ligar para o suporte técnico isso lhe custará algo, tentará improvisar sempre que tiver uma questão ou problema. O resultado? O consumidor não vai saber usar o produto, não terá o atendimento adequado e não obterá tanta produtividade do produto quanto imaginou. Ainda que a mesquinhez seja um erro dele, ele apontará o dedo para você e falará mal de sua empresa.

O que a empresa de software fez? Ofereceu ao consumidor um contrato de manutenção de quatro anos, não-cancelável, com o primeiro ano gratuito. O consumidor concordou. Por que essa transação foi um sucesso? Embora a estratégia do primeiro ano gratuito ter representado uma redução de 25% no preço total de venda do contrato de manutenção, o preço por ano permaneceu o mesmo. Embora a empresa de software não tenha precisado abaixar sua taxa anual divulgada, o consumidor aproveitou a oportunidade, e a empresa não passou a ser vista como uma concorrente desleal. A empresa também se beneficiou de outras maneiras: o acordo garantiu a adesão do consumidor por um período maior que o período usual e deu à empresa oportunidades de vender produtos e serviços adicionais. Seja insensato: não corte seus preços. Descubra maneiras de mantê-los elevados oferecendo um valor excelente aos consumidores.

Como você pode ver, táticas insensatas de preços podem facilmente dobrar sua margem de lucro e, em muitos casos, representar muito mais que isso. O próximo grupo de táticas refere-se a como você toma decisões de investimento e de planejamento orçamentário.

Você está gastando o suficiente?

Para ouvidos pouco treinados, ou para aqueles já prejudicados por décadas de música ruidosa, a maior parte das marcas de alto-falantes parece idêntica. Mas não a Bose. Fundada por Amar G. Bose, um professor de engenharia elétrica do Instituto de Tecnologia de Massachusetts, com o objetivo de criar um alto-falante que soasse "natural", a empresa foi pioneira em pesquisas em psicoacústica (o estudo de como os humanos percebem o som) e seus alto-falantes eram tão diferenciados que a equipe de vendas da Bose podia vender seus sistemas de alto-falante de porta a porta, demonstrando seu som superior. A Bose aparece permanentemente no topo das avaliações das marcas mais confiáveis entre as melhores empresas de tecnologia. Em 2006, ela ficou atrás apenas da Sony, no quesito que os especialistas chamam de "intenção de recompra".

Como a Bose faz isso? É simples — a empresa gasta muito dinheiro para melhorar seus produtos. Enquanto a maior parte das empresas reserva uma percentagem limitada das vendas para pesquisa e desenvolvimento, a Bose investe 100% dos lucros da empresa em desenvolvimento de novos produtos. A empresa investiu dezenas de milhões de dólares ao longo de 19 anos, desenvolvendo sua tecnologia de fones de ouvido. Agora, esses fones são a parte principal de seu negócio; você pode vê-los na cabeça de prósperos passageiros cada vez que entra em uma aeronave. Os alto-falantes da Bose também são encontrados em muitos automóveis sofisticados. Falando sobre o lendário orçamento de pesquisa da empresa, o presidente Bob Maresca afirma: "Não estamos interessados apenas em fazer dinheiro." Mas é claro que todo esse investimento gera, de fato, uma grande liquidez. As vendas da Bose aumentaram mais de 38% somente no último ano e ela controla 20% do mercado de áudio norte-americano.

O senso comum recomenda economizar dinheiro

A abordagem da Bose para pesquisa é insensata, e não é a solução correta para todas as empresas. Mas muitas empresas querem controlar custos e encontram maneiras de reduzir as despesas orçamentárias. O senso comum recomenda que você deve vigiar seus gastos, e empresas como a Bose fazem exatamente isso, *mas não nas áreas importantes.*

Faz sentido controlar seus gastos em todas as áreas que não podem produzir um retorno em seu investimento, e cabe a você entender a estrutura de despesas de sua empresa bem o suficiente para saber o que vai e o que não vai gerar um retorno sobre investimento positivo. Será que aquela nova fachada do escritório, ou o jato privativo superluxuoso, vai trazer clientes em maior número e que paguem melhor? Talvez não. Aqueles hotéis fabulosos que estão inchando o orçamento de viagens vão aumentar seus lucros? O que dizer sobre a campanha de televisão para massagear seu ego?

Pense desta maneira: há apenas três tipos de despesas em toda empresa. Primeiro, há aquelas que não são nem essenciais nem produtivas — como comerciais na televisão sem o retorno esperado; estas deveriam ser cortadas completamente. Segundo, há aquelas que não produzem retorno — mas são essenciais para a sobrevivência da empresa, como aluguel e seguro de saúde para os empregados. Estes são claramente os custos que devem ser administrados, e reduzidos, sempre que possível. Por último, há aquelas despesas que são, na verdade, investimentos. Em outras palavras, elas produzem um retorno positivo a longo prazo — cada dólar gasto pode estar relacionado a mais de um dólar na receita.

Este é o ponto de alavancagem do seu negócio — coloque uma unidade e receba mais de uma unidade no fim. Marketing, vendas, pesquisa e desenvolvimento, e áreas menos usuais, como sistematização e treinamento da equipe, todas têm potencial para produzir retornos altamente positivos. Isto deveria ser óbvio para qualquer um que analise os números e os resultados, mas nem sempre é assim.

Gaste mais para ganhar mais

Geralmente o "orçamento", e consequentemente os gastos com esses itens, é controlado por alguém denominado controlador, contador ou encarregado da escrituração contábil. Todas essas funções estão associadas ao monitoramento e, algumas vezes, à redução dos números da empresa, e o objetivo dessas pessoas é manter as coisas em ordem. Muitos de nós acreditamos que podemos lucrar mais reduzindo nossas despesas. Isto é verdade apenas em parte. É claro, você tem de administrar os gastos, especialmente aqueles que fazem parte das "despesas gerais", e gastar mais em outras áreas para aumentar seu lucro total.

As áreas críticas de sucesso em sua empresa sempre estão pedindo mais dinheiro. Áreas como desenvolvimento de produtos, geração de perspectiva de vendas, marketing e aprimoramento de equipe de vendas são tipicamente afetadas por cortes arbitrários do orçamento impostos à empresa por razões que não guardam nenhuma relação com o crescimento do seu negócio.

A maior parte dos empresários que conheço está cortando financeiramente quase a zero seus departamentos de marketing. De acordo com a U.S. Small Business Administration, a maioria dos pequenos negócios aloca em torno de 2% das vendas para financiar seu marketing. Compare isto com o inacreditavelmente lucrativo marketing do fortíssimo 1-800-Flowers, que gasta mais de 28% de suas vendas em marketing e vendas, ou ao onipresente Adobe Systems, que tem um saudável índice de 23% de lucro operacional, ao mesmo tempo em que gasta colossais 33% em vendas e marketing. Isso não quer dizer que você deva gastar mais em marketing e vendas — tudo depende do modelo exato do seu negócio —, mas, seguramente, você está gastando muito pouco.

Não baseie decisões de negócios em orçamentos convencionais

Não se confunda aqui; o objetivo não é gastar um certo percentual de seu orçamento em um item individual específico, embora os analistas da Wall Street e consultores que vendem as "melhores práticas" queiram que você faça exatamente isso. Imagine-se observando sobre a cerca do jardim de seu vizinho e decidindo que precisa de uma nova piscina. Você tentaria descobrir quanto ele gastou na piscina e dividiria esse valor pela renda presumível dele? Depois pegaria o resultado percentual e aplicaria em sua própria renda para calcular o orçamento de sua piscina?

Não, você não faria isso. Ainda assim, é exatamente isto que os analistas e os consultores das melhores práticas querem que você faça: aplicar o conhecimento acumulado das empresas no seu espaço competitivo (ou, pior, do mesmo tamanho que a sua) e tomar isso como base do orçamento, sem prestar muita atenção se os programas de marketing, de pesquisas ou de pessoal dessas outras empresas têm, realmente, um bom desempenho.

Um cliente no ramo de treinamento tem uma contadora resoluta, que exerce uma influência exagerada sobre o processo orçamentário. A contadora conseguiu convencer a diretoria que a empresa está gastando muito em vendas e marketing, com base nas informações da indústria que ela acredita serem adequadas. Essa recomendação é aceita, apesar do fato da empresa gerar um retorno significativo que está diretamente relacionado àqueles gastos, e de que o lucro total seria certamente maior com o crescimento do pessoal. O resultado infeliz é uma redução no ritmo de crescimento da empresa.

Pode parecer insensato gastar mais do que determina o senso comum, mas isto é exatamente o que você deveria fazer se quiser que sua empresa cresça mais rápido que o mercado. As médias que você visa ultrapassar em sua avaliação de desempenho estão produzindo um desempenho *médio* — como poderia ser diferente? Considere este dado: os 2% que a Small Business Administration estima para um orçamento de marketing tem como resultado empresas que duram, em média, menos de seis anos.

Estratégia de investimento superior

Resultados superiores, por outro lado, resultam de decisões que compreendam gastos maiores. Não supérfluos, evidentemente, mas gastos baseados na distinção entre despesa e investimento. Muitas empresas consideram os investimentos aquilo que pode resistir ao tempo, como terras, imóveis, bens de capital e, talvez, até pesquisa e desenvolvimento. Essa visão é estimulada pelos mercados de capitais, pelos princípios de contabilidade geralmente aceitos (GAAP) e pelo código tributário. E, embora não esteja errada, é incompleta.

Considere qualquer coisa que possa produzir um retorno futuro como investimento. Ao mesmo tempo em que essa definição inclui os investimentos tradicionais, usando esse critério o marketing e as vendas — construir sua base de consumidores — podem representar o maior de todos os investimentos. Se US$ 1 gasto em marketing gerar um retorno de US$ 5 este ano, US$ 5 no próximo ano e US$ 5 no ano seguinte, isso não deveria ser considerado um investimento? E o que dizer sobre o treinamento e o aprimoramento de seu pessoal? O seu contador, provavelmente, não consideraria isso como investimento, preferindo classificar como despesa. Mas o treinamento adequado não estará melhorando o desempenho de sua equipe e os lucros futuros que serão gerados?

Este é o ponto de vista insensato. Transforme sua ideia do que é ou não despesa, a fim de repensar seu plano de gastos não apenas em vendas e marketing, mas em todas as áreas onde gastos extras produzam retornos extras.

Amar Bose gasta todo o seu lucro (em outras palavras, todo o fundo gerado pela empresa — um montante considerável sob qualquer perspectiva) em pesquisa e desenvolvimento de produtos. O resultado é uma empresa que é a segunda em participação de mercado em relação a uma empresa que é 50 vezes maior que ela, e é a primeira em fidelização do cliente. E a participação de mercado e a fidelização do cliente também se traduzem em lucros significativamente maiores. A Best Buy, uma revendedora de produtos eletrônicos, mudou seu enfoque de marketing tradicional sobre o produto para um foco um pouco mais caro, centrado em consumidores específicos, uma estratégia única e arriscada que resultou em aumentos de vendas significativos no mesmo ponto de vendas (10% em um ano), assim como um salto considerável nas margens de lucros, de 13,5% para 21%.

Muitas das hoje grandes empresas de tecnologia chegaram lá gastando o quanto podiam em duas áreas-chave: marketing e desenvolvimento de produtos. Dominar o mercado exige que você consiga mais e mais consumidores, de preferência rapidamente. E isso não está acontecendo somente com empresas de tecnologia. A Procter & Gamble gasta mais de 50% da receita do primeiro ano de um produto em marketing e vendas. Outras empresas de bens empacotados fazem o mesmo. É a única maneira de ganhar visibilidade suficiente e conquistar consumidores em um mercado saturado. E a gigante do software Microsoft gasta algo em torno de 21% de sua receita — e ela é a líder do mercado. Se a líder do mercado precisa desse "impulso", quanto você vai precisar?

O seu negócio talvez não exija medidas tão drásticas, mas elas devem ser levadas em conta. Se você soubesse que poderia gerar US$ 10 em vendas para cada US$ 1 gasto, quanto dinheiro você gastaria? E se você conseguisse gerar apenas US$ 5? E se fosse somente US$ 2? Faço esta pergunta sempre nas minhas conferências; minha pesquisa informal sempre produz os mesmos resultados: você gastaria tudo aquilo que pudesse! Pegaria um empréstimo no banco. Pressionaria seus investidores. Hipotecaria sua casa e tiraria dinheiro do colégio de seus filhos se isso fizesse diferença. E, então, tentaria descobrir como transformar aquelas duas vezes em cinco vezes e em dez vezes. Essa é a maneira como gastos insensatos são traduzidos em ganhos extraordinários.

Extraordinários porque o executivo moderado estabelecerá um percentual fixo ou um valor fixo para marketing e publicidade e deixará como está, aceitando qualquer margem de crescimento que o mercado oferecer. E, enquanto as empresas normais gastam de 10 a 15% de sua receita em pesquisa e desenvolvimento, as que dominam o mercado, como a Bose, gastam todo dinheiro disponível, porque é isso que as mantém na liderança.

E não é apenas o marketing e o desenvolvimento de produtos que se beneficiam de um investimento extraordinário. O aprimoramento do pessoal é outra área desconsiderada, mas que é totalmente passível de uma alavancagem potencial. A Best Buy lucrou com sua bem treinada e especialmente adequada política "Geek Squad" de resposta rápida, e, como parte de sua estratégia de dominação mundial a gigante do café Starbucks investe mais em desenvolvimento de pessoal que qualquer outra empresa em sua categoria. A Starbucks treina seus balconistas — chamados de *baristas* — em todos os pontos-chave de produtos e processos relacionados ao café, incluindo as instruções precisas para se preparar um *latte* ou um *Frapuccino* de baunilha e caramelo. Os *baristas* têm a opção de se especializar em três meses, tornando-se "Mestres em Café", os verdadeiros peritos. Os "Mestres em Café" tornam-se promotores inigualáveis da empresa e de seus produtos. Esse nível de *expertise*, embora seja custoso à primeira vista, resulta em uma fidelização sem precedentes do cliente e aumenta dramaticamente as margens usuais de lucro do produto.

Baseie seu orçamento de "investimentos" em quanto de retorno você pode gerar para sua empresa. Aumente suas despesas em coisas que irão alavancar seu negócio.

As empresas podem ganhar mais de modo muito mais rápido gastando o suficiente, e muitos negócios fracassam porque não têm a

140 SEJA INSENSATO

coragem de investir dinheiro — o dinheiro suficiente — onde deve ser colocado.

Igualmente importante é a tolerância da sua empresa para com os erros e para com o que outras pessoas, mais moderadas, consideram desperdício. Lembra-se da velha expressão "Quem poupa tem"? Este parece um excelente conselho, mas segui-lo aniquilará toda a esperança de construir um negócio extraordinário.

Você está desperdiçando o suficiente?

> *As pessoas que não correm riscos geralmente cometem*
> *dois grandes erros por ano.*
> *As pessoas que correm riscos geralmente cometem*
> *dois grandes erros por ano.*
>
> — Peter Drucker, escritor e consultor de negócios

Empresas inteligentes descobrem uma maneira de gastar dinheiro para estimular seu crescimento, e tendem a ser cuidadosas no montante que estão gastando, geralmente em um esforço de manter uma certa margem de lucros. É claro, isso faz todo o sentido, mas as empresas insensatas descobriram algo mais. Elas descobriram o poder dos erros e descobriram o poder do desperdício.

O procedimento operacional padrão no vasto mundo dos negócios é recompensar o sucesso e, na melhor das hipóteses, ignorar, ou, na pior delas, punir o fracasso. Por que não? As pessoas que fazem corretamente a coisa certa e não cometem erros produzem mais receita a um custo menor. E isso é um bom negócio. Isso é verdade, exceto pelo fato de que realizar bem as coisas dificilmente resulta em uma experiência de aprendizado e, para a maior parte das pessoas, somente poderá perpetuar o que já se sabe que funciona. Não há nada de mau nisso — sua empresa *realmente* busca maior receita a um custo menor — e, ainda assim, se ela quiser produzir resultados extraordinários, você terá de cometer erros e aprender a consertá-los.

Aprenda com as crianças

Observe uma criança aprendendo qualquer coisa — desde andar até montar um quebra-cabeça, a falar, a pedalar uma bicicleta — e você perceberá que a maneira pela qual a maior parte das crianças aprende é cometendo uma série de erros. Observe-as aprendendo a andar. Elas ficam em pé apoiando-se em uma mesa próxima, ou no cão da família. Elas se deixam ir. Uma criança manterá esse comportamento até que pare de cair no chão; ela aprendeu a andar, e, ao mesmo tempo, aprendeu alguma coisa sobre autoconfiança. As crianças montam quebra-cabeças da mesma forma: as peças dificilmente se encaixam na primeira vez, mas elas acabam conseguindo entender como as peças se juntam — e, o mais importante, aprendem o processo de colocar as coisas em ordem. As crianças caem da bicicleta, mas terminam aprendendo a ficar de pé — e, no processo, aprendem algo sobre equilíbrio.

Se já observou um atleta treinando com seu técnico, você identifica o treinamento como um processo de produção de erros, seguido por correções sutis até chegar a melhorias no desempenho. E qualquer um que tenha experimentado o processo de criação sabe que esse processo é guiado 100% pelos erros. Tem de ser assim; se a ideia original funcionasse perfeitamente, não haveria necessidade de novas invenções. Uma vez que nada foi criado dessa forma anteriormente, não há um modelo de como fazer corretamente na primeira vez. Imagine onde estaríamos se Edison tivesse dito "OK, equipe. Temos cinco chances de fazer isso corretamente, vamos usar a melhor tentativa".

Os erros e o desperdício associado a eles são um requisito imprescindível para o aprendizado e a melhoria do desempenho.

Gerenciar o desperdício

Não são apenas os erros que precisam ser encorajados; algumas vezes, você tem que estar disposto a gerar desperdício para conseguir os resultados que almeja. Pense no modelo de mala-direta. As típicas campanhas de mala-direta têm uma taxa de resposta — o percentual de envelopes ou cartões que provocam uma ação concreta do destinatário — de aproximadamente 0,25% a 2%. E 2% é considerado um resultado muito bom. Imagine isso: 99% das peças de mala-direta que são enviadas são desperdiçadas. De fato, uma pesquisa realizada pelos Correios nos EUA indica que 65% dessa correspondência não são sequer abertas! Que grande desperdício! Isso significa que ninguém deveria usar a mala-direta como uma técnica de marketing? É claro que não — somente significa que o desperdício é parte do processo.

Com o telemarketing acontece o mesmo. Mais de 50% de todas as chamadas são desligadas. Então você não deveria fazê-lo? Não pare — você deve continuar tentando, pois todo o marketing está baseado no fato de que a maior parte das mensagens que você envia ao mundo resulta em fracasso, mas aquelas que são bem-sucedidas — se elas forem bem-sucedidas — lhe trarão grande sucesso. No meu modo de ver, isso significa que você deve querer "desperdiçar" ainda mais.

O que dizer sobre contratações? Na indústria de seguros, dois em cada três novos agentes fracassam no primeiro ano. Você deveria tentar contratar apenas os "bons"? Isso não funcionará, porque ninguém conseguiu descobrir uma maneira de prever com precisão quais novas contratações serão bem-sucedidas a longo prazo.

Este é o ponto central do tema desperdício. Da mesma forma que Edison não conseguiu prever qual filamento brilharia com mais intensidade por mais tempo, é impossível (ou pelo menos proibitivamente dispendioso) imaginar qual peça de mala-direta, qual destinatário, qual prospecto de vendas, que nova contratação — qualquer coisa — vai ser a coisa certa. Daí a natureza das tentativas experimentais, e daí a natureza do desperdício produtivo nos negócios.

Há um outro lado dessa questão. Quando você tenta selecionar seus "candidatos" muito rigorosamente, em um esforço de prevenir-se de esforços desnecessários, pode acabar ficando com muito poucas pessoas — ou muito poucas ideias — em sua fonte de informações. Esse número pequeno de candidatos pode, em si mesmo, reduzir tanto o volume quanto a velocidade dos seus resultados. Geralmente, é mais eficaz trabalhar com mais possibilidades paralelas do que tentar eliminar custos e desperdícios de antemão.

Na década de 1980, o Citibank tinha uma política em seu grupo de desenvolvimento de sistemas que encorajava o desperdício. Cada novo projeto importante acionava múltiplas equipes encarregadas da mesma tarefa. O banco empregou essa estratégia para criar suas primeiras máquinas de caixa automático, que iriam revolucionar o mundo dos bancos. A equipe que produzisse o resultado mais eficaz seria recompensada, e sua solução seria levada adiante; as outras seriam dispensadas. O Citibank usou o mesmo processo externamente. Contratava várias empresas de consultoria para elaborar uma solução, administrando o processo com datas de entrega apertadas e pontos de verificação. Em um certo ponto do processo, assim que conseguisse prever o resultado final, dispensava os perdedores e mantinha o contrato com os ganhadores.

Para muitos, isso parecia sem sentido, um desperdício até mesmo arrogante, mas já que a rapidez de colocação no mercado pode ser traduzida em uma receita imediata maior e margens de lucro maiores, essa abordagem do desperdício pode gerar retornos superiores. O Citibank foi o primeiro a perceber o potencial de automatizar as interações com os consumidores de varejo, e como resultado de seus drásticos programas teve a primeira rede bem desenvolvida de caixas automáticos. Ela rendeu ao Citibank uma enorme vantagem de custos e serviços, que ele usou para dominar a indústria de bancos de varejo por um longo período.

Em mercados de alta velocidade e inovadores, onde a vantagem dos pioneiros pode ser traduzida em lucros muito superiores aos dos seus imitadores, oferecer uma solução aos consumidores antes dos seus concorrentes pode ser a diferença entre o sucesso e o fracasso. Custos potencialmente maiores em pesquisa e desenvolvimento, aliados a elevados custos de marketing, podem se transformar em lucros fora do normal. Não aceite o argumento de que a vantagem de ser pioneiro pode não existir. Não é um conceito universal, mas sempre que sua empresa tiver a chance de estabelecer um padrão, ou criar uma primeira marca, ou erigir barreiras mais altas para se entrar no mercado, os lucros resultantes vão superar todas as expectativas. E esse resultado advém diretamente do fato de estar em algum lugar primeiro. Adotar um ritmo lento e invariável pode manter os custos baixos, mas no século XXI não ajudará a vencer a disputa. O desperdício vence!

Algumas empresas são construídas sobre volumes significativos de desperdício, e não parece haver nenhuma outra maneira diferente de lidar com o assunto. A indústria dos semicondutores, que envolve um processo de fabricação extraordinariamente complexo, tem uma expectativa de erro entre 10 e 30% dos dispositivos *wafers* e chips fabricados. Muitos processos computacionais, como o sequenciamento de DNA, estão baseados no desperdício. Escolha um segmento e veja se encaixa. Se encaixar, ótimo; se não, escolha outro segmento, e continue tentando.

Criar rapidamente um protótipo é uma maneira de lançar um produto imediatamente no mercado. Na elaboração rápida de um protótipo, uma versão boa o suficiente que possa satisfazer os requisitos é construída e vendida para consumidores "beta". Se funcionar, ótimo; caso contrário, você aprimorará o que estiver errado e relançará o produto. Os custos podem ser altos, já que projetos de protótipos rápidos usam geralmente uma quantidade significativa de homens-hora a mais do que um processo linear comparável de planejamento-construção-testagem. Você também poderá "desperdiçar" consumidores, já que um percentual dos seus beta compradores vai ficar contrariado depois dos erros apresentados. No entanto, duas coisas importantes acontecem. Primeiro, você chega ao mercado com algum produto antes dos seus competidores, e determina sua área de atuação com um marco que vai ser difícil deslocar. Segundo, você adquire uma inteligência valiosa em áreas como preferências e rejeições do consumidor, e que tecnologias funcionam ou não. Sim, há um grande desperdício, mas ele propicia recompensas significativas que justificam esse comportamento insensato.

Estar disposto a cometer erros e produzir deliberadamente o desperdício são partes-chave do processo criativo. Qualquer tentativa de minimizar esses aspectos simplesmente resultará em redução de criatividade e de velocidade. Lembre-se do grande pintor expressionista abstrato Jackson Pollock. Ele lançava as tintas em suas telas com tanto furor que ao final havia mais tinta no chão de seu estúdio que nas próprias telas, mas suas pinturas hoje são vendidas por dezenas de milhões de dólares. E se Pollock tivesse se preocupado com o desperdício de tinta?

Colapsos geram grandes avanços

Apenas cometer erros não é a resposta. Você deve querer aprender com eles. E para aprender com eles você tem de querer celebrá-los.

Em culturas que punem os erros, as pessoas tentam esconder suas falhas. Isso pode ser observado — ou não — em reuniões da diretoria o tempo todo. Ninguém levanta a mão e diz "As coisas não estão funcionando". Raramente os executivos espontaneamente dizem: "Estamos paralisados e precisamos de ajuda." Não é bom estar fora de curso, e as pessoas se valem de todo tipo de subterfúgio para encobrir esse fato.

Mas e se você tivesse um conceito formal para expressar que as coisas não estavam indo conforme o planejado, que de alguma maneira você saiu do caminho e que não apenas foi válido ter trazido isso à tona, mas também uma oportunidade? Os colapsos são exatamente isso. Eles, simplesmente, não são como os fracassos antigos; são fracassos acumulados enquanto você tenta fazer alguma coisa acontecer.

Digamos que você abre a porta da garagem e constata que seu carro está com um pneu furado. Não há nada de especial sobre isso. Você nem presta muita atenção. Simplesmente troca o pneu. Mas se estiver indo para a casa de sua avó, dirigindo em uma autoestrada a 100 quilômetros por hora e de repente... BUM! Aí você vai prestar atenção. Isso é o que o filósofo Werner Erhardt chamava de colapso.

Um colapso é a interrupção daquilo que você planejava. É quando as coisas não estão acontecendo da maneira que você pensou que aconteceriam; você "tentou de tudo" e simplesmente não está conseguindo a quantidade ou a qualidade de resultados com que todo mundo contava. Talvez você esteja apenas fora do curso. De qualquer maneira, formalize isso. Você está em processo de colapso e quer que todo mundo saiba disso.

Chamar a atenção para um colapso é ser insensato, uma vez que, em muitas organizações, tentamos esconder o fato de que estamos tendo um desempenho ruim. Por que torná-lo público? Quando você tenta esconder sua falta de resultados, ou você os está ignorando ou está tentando resolver o problema em segredo. Em ambos os casos, nem todos os recursos disponíveis estão sendo usados para lidar com o problema. Mas quando você reconhece e chama a atenção para o fato de que está de alguma maneira saindo do curso planejado, tem uma oportunidade preciosa de encontrar um novo conjunto de soluções. Você está deixando claro que aquilo não está funcionando e que está pedindo novas ideias.

Isso não funciona em organizações onde todo mundo está se engalfinhando por vantagens e poder. Nesses ambientes, tudo tem de parecer perfeito. Ninguém chama a atenção para nada que tenha o mínimo cheiro de fracasso. Em empresas insensatas, os colapsos são uma oportunidade de invocar todos os recursos da organização para socorrê-lo.

Os colapsos são uma maneira de tornar público e de declarar que você está procurando ativamente meios de melhorar seu desempenho — de voltar aos trilhos e fornecer os produtos conforme o prometido. Você resiste, pedindo auxílio de todos os cantos, aguardando dicas, reviravoltas e mudanças para se aprimorar. Pode até considerar um recomeço.

Em um nível psicológico, o próprio ato de se declarar em colapso é libertador. Você pode parar de tentar fazer aquele plano combalido funcionar quando perceber que ele não vai levar a nada. Em vez de tentar consertar as coisas, pensar em termos de colapso oferece a oportunidade de declarar que a abordagem atual está morta e de rever a iniciativa do zero — ou, pelo menos, de onde as coisas começaram a dar errado. Colapsos formalmente decretados permitem o replanejamento, o restabelecimento de ferramentas e recursos e até mesmo a redefinição de suas premissas principais, com a possibilidade de criar algo mais eficaz e mais poderoso que antes. É assim que os colapsos geram grandes avanços.

As vendas de software da empresa de Bill estavam caindo. O software tinha um grande conjunto de recursos, mas era tecnologicamente ultrapassado, e os grandes clientes que Bill queria conquistar estavam optando por uma solução mais potente, ou com um futuro mais promissor. A empresa respondeu com um projeto de desenvolvimento de um novo software para abrir caminho para o novo mercado. Depois de 12 meses e de gastar vários milhões de dólares no projeto, ela se deu conta de que levaria um ano e meio — ou mais — até que o novo sistema ficasse pronto. Enquanto isso, a base tradicional de consumidores, sofrendo a pressão de uma recessão, parou de comprar o produto existente, e a empresa viu-se à beira da falência. Não era apenas o software que estava morrendo, a empresa também. Em um primeiro momento, ela simplesmente vendeu mais, porém depois de algum tempo, todos perceberam que isso não iria funcionar. Em vez de tentar "consertar" as coisas e querer disfarçar, as pessoas da empresa imploraram por ajuda. Com um suspiro coletivo e bastante clareza, eles perceberam que o produto sobre o qual construíram a empresa estava de fato arruinado, e que não conseguiriam vender mais nenhuma unidade dele. As soluções consagradas pelo tempo — melhor marketing e melhores vendas — não iriam fazer diferença, e acrescentar alguns novos recursos também não iria funcionar. Os proprietários estavam exaustos e consideraram fechar o estabelecimento, pensando que seria a melhor solução para a situação. Mas uma coisa engraçada aconteceu: depois de constatar que podiam se livrar disso tudo, veio um novo senso de liberdade.

Então Bill decretou o colapso formalmente, afirmando que a velha maneira de fazer negócio não era mais produtiva e que a empresa tinha de se reinventar — imediatamente. Durante uma série de reuniões fora da sede com a participação de todos os funcionários, a empresa decidiu responder ao colapso mudando seu foco de atuação, transformando-se em uma organização de serviços, mobilizando todos os técnicos disponíveis, de marketing e vendas, a oferecer serviços profissionais para a velha — e financeiramente abalada — base de consumidores. A recessão, que tornou difícil para os consumidores realizar gastos de capital, caiu sob medida para pessoas vendendo soluções para aperfeiçoar o desempenho a curto prazo. Os consumidores adoraram, e a empresa prosperou.

Preste atenção. O anúncio formal de que você não sabe o que está fazendo — uma parte-chave da estratégia de colapso/avanço — pode gerar altos níveis de frustração. As pessoas que não entendem o que está acontecendo vão pensar que seus empregos, e até mesmo suas carreiras, estão em risco. Prepare-se para acusações e reclamações sobre falhas. Se a estratégia não for bem conduzida, haverá uma série de censuras, queixas e hostilidades. E os colapsos geram o caos. Você simplesmente assumiu o que todo mundo pensava há muito tempo:

as coisas que funcionavam anteriormente não estão mais funcionando, e estão aí para quem quiser ver. Deixe as coisas seguirem seu curso — era isso o que você queria fazer. É esse estado de caos que lhe dá a excelente possibilidade de avançar bastante. Deixe que todos saibam que esse é o plano. Consiga que todos se responsabilizem coletivamente pela situação e assuma que a vitória é seu propósito.

Ser insensato segue a escola de pensamento que afirma que se você não estiver cometendo erros, desperdiçando o suficiente e experimentando colapsos regularmente, talvez não esteja maximizando o potencial de sua empresa. Você está jogando em segurança, prendendo-se a coisas que sabe que funcionam, e, como resultado, está conseguindo um desempenho abaixo do seu potencial. O desempenho insensato exige coragem e a vontade de deixar a segurança para trás. Os jogadores insensatos não cortejam o fracasso, mas querem fracassar para serem bem-sucedidos.

O erro não avaliado não vale a pena

Com toda licença a Sócrates, errar pura e simplesmente é um jogo para imbecis. Continue cometendo erros sem aprender nada com eles que você logo estará fora do mercado. Para impulsionar seu negócio é preciso analisar friamente as consequências de seus erros. Você tem de fazer uma análise final do projeto. O que deu errado? O que aconteceu? O que estava faltando? O que precisa ser mudado? O que deve ser acrescentado? O que poderia ser feito de modo diferente?

A autópsia exige pensamento crítico. "Eu não sei" é um bom lugar para começar, mas é inaceitável como resposta final. Pensar é o processo de *formular e responder perguntas*, e essas perguntas devem ser respondidas se você quiser fazer algum progresso. Trabalhe com afinco e elabore isso, para que seu negócio usufrua do que não deu certo e funcione melhor da próxima vez. Talvez não perfeitamente, mas, definitivamente, melhor.

150   Seja insensato

Observe que nenhuma dessas, questões faz referência a quem fez o quê ou a quem se deve culpar. Basta você querer responsabilizar alguém que estará fechando as portas para a inovação e o progresso. Se você reconhecer as inovações que acontecem punindo as experiências fracassadas, cerceará a criatividade. A fabricante de automóveis BMW possui um programa formal que efetivamente recompensa os erros e encoraja correr riscos. Os gerentes da eBay têm fóruns públicos, onde têm de explicar o que fizeram de certo, de errado e de muito errado. Os programas formais, como "O Erro do Mês", que estimulam a experimentação entre empregados, são fortes indícios de que é válido se arriscar.

Obtenha o relatório minoritário

No conto de Philip K. Dick, "Minority Report", de 1956, crimes violentos que ainda não aconteceram são previstos por três *"precogs"* (abreviatura de "pré-cognitivos") geneticamente alterados. Os criminosos profetizados pelos *precogs* são detidos antes que os fatos aconteçam, levando à completa erradicação de assassinatos e lesões corporais. É claro que esse tipo de sistema poderia ser perigoso, e para prevenir detenções equivocadas eles trabalham com uma equipe de três *precogs*. Todos os três *precogs* têm de concordar, porque eles não estão adivinhando; estão vendo o futuro. De tempos em tempos, entretanto, há um *relatório minoritário*, em que um dos três *precogs* discorda dos demais. Esse relatório minoritário é apreendido por uma autoridade municipal, e isso põe a história em movimento.

É uma ideia válida, a do relatório minoritário. Os insensatos — aqueles que operam fora do que as pessoas normais consideram normal — geralmente elaboram esses relatórios. Mas, da mesma forma que o governo ficcional da história de Dick, o relatório minoritário é geralmente apreendido, seja por gerentes, seja pelos próprios elaboradores do relatório. Afinal, quem quer estar publicamente em desacordo com o pensamento da maioria?

Encoraje o aparecimento dos relatórios minoritários. Você não é obrigado a agir com base neles, mas pode querer levá-los em consideração. O relatório minoritário pode ser uma boa forma de expressar uma opinião, de manifestar um pensamento contrário, ou ideias desviantes. Certifique-se que você pode explorar esse veio de insensatez.

A seguir apresentarei uma série de táticas de negócios pouco discutidas que podem revolucionar todos os aspectos de sua empresa. Os sistemas não são sedutores e não criam manchetes. Mas um negócio bem sistematizado pode decolar como uma nave espacial.

Culpe o sistema

Se um membro da equipe está falhando, algumas vezes culpar aquele indivíduo parece a coisa mais razoável a fazer. Afinal, são suas ações, seus resultados, sua responsabilidade. Alguém tem de ser responsabilizado pela queda, certo?

Não, não está certo. O mau desempenho pode ser causado por uma falha no sistema e não pela incompetência ou erro de alguém. Isso não quer dizer que você deva permitir que seu pessoal se esquive de suas responsabilidades — eles são os que devem fazer o sistema funcionar. Mas se os programas e os processos formulados não estão funcionando, você realmente está disposto a punir as pessoas que trabalham com eles? Se o sino está sem som, você vai culpar o tocador do sino? Claro que não; você vai consertar o sino.

Sistemas ruins ou com falhas são motivo de baixo desempenho ou de desempenho inconsistente. Quer você goste ou não dos hambúrgueres do McDonald's, eles serão sempre os mesmos. Assim como as batatas fritas, os sanduíches de peixe, os *milk-shakes*, todos os produtos. Todos os sistemas bem conduzidos de franquias têm uma coisa em comum: um sistema operacional que define detalhadamente como as coisas devem ser conduzidas.

Aprenda com os grandes sistemas

O segredo das Operações da Wal-Mart é sua capacidade de manter os mais altos padrões e, ao mesmo tempo, executar tudo impecavelmente.

— Michael Bergdahl, autor de *What I Learned from Sam Walton*

O McDonald's possui um manual de operações e de treinamento com milhares de páginas. O manual de café da Starbucks para *baristas* tem 10 centímetros de grossura. Os Parmasters Golf Training Centers têm 2.300 páginas de pastas sobre operações e treinamento. As empresas que pretendem crescer muito definem processos e registram sistemas para cada pequena operação essencial em sua empresa. A Quantum Growth Consulting definiu 88 processos essenciais de negócios e criou sistemas passo a passo para cada um deles. Essa organização obsessiva e atenção ao detalhe resultam no que o mundo da franquia chama de duplicação: a capacidade de executar o trabalho sempre da mesma maneira e sempre com qualidade.

A beleza dos sistemas documentados (e isso é verdade mesmo se o seu negócio tiver apenas um endereço) é que, depois de terem sido testados, basta seguir seus sistemas para alcançar desempenho comercial consistente, previsível e contínuo. O inverso disso é que, quando você tem um mau desempenho consistente, geralmente possui um mau sistema ou nenhum sistema.

Essa é a diferença entre especificidade e rigor. Tipos criativos geralmente preferem fazer tudo com especificidade. Eles gostam de fazer as coisas à medida que progridem, sempre ampliando as fronteiras e explorando novos territórios. Não gostam de registrar as coisas e ficar presos a uma única maneira de fazer algo. Para essas pessoas, talvez a coisa mais insensata que você possa fazer é esperar que elas criem algo e então documentar o processo. Acrescente rigor e previsibilidade ao processo.

Previsibilidade? Isso não parece sensato demais?

Não é a previsibilidade que é ruim; a previsibilidade em sistemas é ótima. Ser um escravo da previsibilidade é que é ruim. Agir previsivelmente em um mundo imprevisível é que é perigoso. Encorajamos a repetição e a consistência, ao menos por um período. Uma vez tendo encontrado uma forma de fazer com que algo funcione, mantenha-a até descobrir uma maneira melhor. Não se preocupe, alguém vai se enganar e cometer um erro, e algumas vezes esse erro vai melhorar o programa. Aceite o erro. Ou, então, os sujeitos do laboratório vão descobrir algo. Assuma a responsabilidade.

Mantenha essa estratégia até que o mundo lá fora mude o suficiente para que seu desempenho seja afetado. Aí você descobre o que está errado e faz as mudanças. Você evolui.

Então, quando o resultado de um empregado for ruim, descubra se é responsabilidade da pessoa ou do sistema. Se não houver documentação disponível, então você sabe onde consertar a falha. Se você preparou aquela pastinha com três furos, descubra se a sua equipe está seguindo corretamente o manual. Eles estão verificando os itens da lista? Os passos estão sendo cumpridos com rigor? Você tem alguma maneira de descobrir isso? Se o sistema estiver sendo seguido fielmente e você não estiver obtendo os resultados esperados, então, definitivamente, a culpa é do sistema.

Os sistemas em si são insensatos

Você me pergunta qual é a utilidade da classificação, organização e sistematização? Eu respondo: a ordem e a simplificação são os primeiros passos para dominar um assunto — o verdadeiro inimigo é o desconhecido.

— Thomas Mann

As pessoas têm duas reações quando falamos em sistematizar seus negócios. Ou elas acham que é uma péssima ideia, que vai desestimular sua equipe e provocar baixas, ou acham que a sistematização seria uma ótima ideia, mas algo muito difícil de fazer.

A sistematização é um paradoxo. Os sistemas introduzem gradualmente rigor, padronização e racionalidade no seu negócio. Você esperaria que essa "regularização" significasse que o negócio estaria confinado a uma rotina entediante e produzisse lucros modestos, ainda que verificáveis. Ainda assim, o resultado da criação de um negócio baseado em sistematização pode ser simplesmente um grande avanço. Três das minhas empresas insensatas favoritas, a Southwest Airlines, a Dell Computer e a FedEx, são empresas que cresceram à custa de sistemas solidamente estabelecidos.

Ter sistemas bem desenvolvidos é como carimbar um DNA corporativo; eles tornam quase impossível alguém copiar seu negócio, e em cada um desses três casos ninguém conseguiu. O DNA corporativo da Southwest é um conjunto interconectado de sistemas bem planejados — cada um deles distinto de seus concorrentes. Ela não transfere bagagem; nunca serviu refeições; seus cartões de embarque são simplificados em As, Bs e Cs; voa somente com 737s, para reduzir os custos de treinamento e manutenção, e paga a seu pessoal bônus pelo menor tempo de descarga, reabastecimento e recarga das aeronaves. Seu sistema de reservas é fácil de usar, e pelo fato de os voos não estarem ligados aos grandes sistemas de compra de bilhetes, como o Sabre e o Gemini, ela economiza em custos de vendas, além do benefício adicional de ser difícil para os consumidores comparar custos. Em todas as alternativas possíveis, a Southwest evoluiu para se tornar uma eficiente empresa aérea de baixo custo. Espantosamente, ela conseguiu fazer isso sem sacrificar a qualidade, aparecendo constantemente no topo das avaliações de satisfação do consumidor. Enquanto medidas de redução de custos de outras empresas aéreas irritam os consumidores, a Southwest, por ter sido sempre barata, treinou seus passageiros a apreciar sua estrutura econômica. Ela forjou uma cultura primorosamente sistematizada em torno dessa estrutura; sistematizou até mesmo os momentos de diversão. E, sem começar do zero e inverter o planejamento de todo o processo, o sucesso sistematizado da Southwest não poderá ser duplicado.

O outro paradoxo da sistematização é que as pessoas acreditam que os sistemas são o dobre fúnebre para a criatividade, mas o contrário é verdadeiro. As empresas sistematizadas padronizam os procedimentos, liberando as mentes das pessoas de tentar equacioná-los a cada dia. Em vez de focar no lugar-comum, as pessoas estão livres para considerar o extraordinário. A criatividade cresce vertiginosamente.

Possuir sistemas libera sua equipe em outro sentido também. Em um ambiente racional, as pessoas aprendem um trabalho e ficam presas a ele. Mas imagine o que aconteceria se todos em seu negócio fossem descartáveis e inconstantes. Quando todos os processos e procedimentos são padronizados e documentados, todos os funcionários têm a mesma capacidade de executar bem o trabalho — e seria melhor que o fizessem, já que você poderá facilmente remanejá-los. Ao mesmo tempo, eles estão totalmente livres para serem deslocados com mais facilidade, pois os sistemas documentados facilitam que outras pessoas possam executar o trabalho. Qualquer trabalho. Quando você tiver sistematizado adequadamente seu negócio a ponto de qualquer um poder executar qualquer trabalho, terá dado a si mesmo uma liberdade muito especial, da qual apenas alguns negócios podem se orgulhar. Você está em posição de tomar uma ação enérgica.

Demita as estrelas

Estrelas são os indivíduos dotados de um talento único que criam intuitivamente resultados fazendo as coisas à sua própria maneira.

Isto parece exatamente aquilo que você pediu a Deus, não parece? Insensatamente eficazes e com vontade de realizar as coisas fora dos padrões — ótimo! Sim, verdade — mas há um problema. Essas pessoas insistem em fazer as coisas do jeito delas, não do seu. E as estrelas, assim como as prima-donas das óperas, sempre terminam fazendo o que querem.

As estrelas sempre estão desempenhando um papel; é para isso que elas existem. Se elas não representarem, não serão estrelas. Representar é o que confere a elas sua qualidade de estrela, sua identidade, e é fácil pensar que esse desempenho estelar é justamente o que você precisa. Mas, pelo fato de as estrelas quererem fazer as coisas do jeito delas, e não do seu, há um risco significativo em lhes confiar seu sucesso.

Jack administrava uma empresa que vendia soluções automatizadas de produtos de cuidados de saúde para hospitais regionais. A empresa tinha uma superestrela como encarregado de vendas, Warren, um profissional de alto desempenho que vendia o carro-chefe da quase obsoleta linha de produtos da empresa. A interface "tela verde" do produto tornou-o cada vez menos competitivo, e as vendas decaíram a um ponto em que nenhum outro vendedor conseguia vender mais nada. Warren não era apenas a superestrela produtora, ele era o único produtor. Como uma medida provisória, recomendei a mudança de estrutura de preços, para incluir uma atualização automática para uma nova versão, até então não anunciada, com um generoso pacote de serviços. Eu tinha esperanças de que essa mudança aumentaria a proposição de valor o suficiente para manter a empresa a salvo enquanto preparava o novo produto para o lançamento. Meu cliente resistiu a essa abordagem.

— Por quê?

— Warren não vai gostar.

— Hein?

— Warren não vai gostar. Ele está contente com as coisas como estão.

— E daí — respondi com espanto.

— Bem, se Warren não gostar, ele vai parar de vender, e isso seria o fim para nós.

Veja bem, as "suas" superestrelas não estão jogando verdadeiramente no seu time. Elas estão no time delas — o time das superestrelas. Embora consigam progredir por esforço próprio, mais cedo ou mais tarde — como todas as soluções razoáveis — suas estrelas terão desempenho pífio. Quando isso acontecer, você estará encrencado. Quando, após finalmente refletir, você tentar mitigar a situação contratando outros vendedores, mudando o *mix* de produtos, introduzindo um novo marketing — qualquer coisa que mude o jogo e possa diminuir a sua condição de superestrela —, elas recusam-se a seguir adiante. Elas ameaçam ir embora. Muitos empreendedores dobram-se às suas exigências. As estrelas pelas quais você se apaixonou simplesmente imobilizaram seu futuro.

O pensamento convencional adora as superestrelas. A ideia é encontrar um punhado delas e deixar que construam sua empresa. Conheço um consultor em treinamento de vendas e administração que promove uma estratégia planejada para atrair vendedores-estrelas, como se você pudesse encontrá-los a toda hora. Isso é como acreditar em Garrison Keilor, quando ele diz "Todas as crianças em Lake Wobegon são acima da média". É muito difícil encontrar um grupo de superestrelas por causa do efeito da regressão para a média.

Todas as coisas têm um tempo e um lugar, e as superestrelas têm o delas. Elas são ótimas para lançar um negócio ou para participar de um processo de mudança de rumo em uma empresa. Em ambos os casos, as superestrelas conseguem um retorno financeiro bastante necessário para tocar o negócio enquanto você faz algo mais inteligente. Simplesmente não confie seu futuro a elas. Há ainda um outro grande uso para as superestrelas, sejam vendedores-estrelas ou qualquer outro tipo de estrela. Transforme o que está em suas mentes em propriedade intelectual autêntica. Escale-as como modelos de desempenho e

158 Seja insensato

use seus hábitos e habilidades como base para criar um sistema que possa ser reproduzido. Descubra o que elas fazem de bom, e em que sequência. Descubra exatamente o que elas dizem, como escrevem, o que pensam, em que acreditam, o que elas fazem e quando, e documente tudo. Registre-as em fitas. Registre-as em vídeo. Transcreva tudo. Descubra o que as faz ser bem-sucedidas. E, então, ensine isso a outras pessoas na mesma posição e veja como seu desempenho crescerá de modo vertiginoso. Não limite sua modelagem a componentes externos. As qualidades íntimas — atividades mentais, sistema de crenças, autoimagem, solilóquios — são igualmente importantes, se não mais importantes do que aquilo que você vê pelo lado de fora.

Suas superestrelas podem se recusar terminantemente no início, e então, provavelmente, você terá de ajustá-las a isso. Isso é bom, porque você sabe que um dia aparecerá um conflito de vontades, e elas escolherão ir embora às pressas. Antes que esse dia chegue, você vai querer fazer o *download* de seu "sistema nervoso" e colocá-lo em um disco rígido. Quando você conseguir provar que o sistema funciona — que outras pessoas podem se aproximar de seus resultados estelares —, o trabalho estará concluído.

W. Edwards Deming, o estatístico norte-americano considerado o pai do milagre industrial japonês, defendia uma filosofia que pode ser sintetizada como "aumente a média e reduza o desvio padrão". Transferindo os métodos de suas superestrelas para seus empregados comuns, você terá feito exatamente isso. Simplesmente terá aumentado a média dos demais. Não se preocupe se o desempenho deles não é tão bom quanto o das superestrelas. Você fez algo insensato, enfrentou as adversidades. Outros vendedores "comuns" podem ser encontrados — o que é muito mais fácil e menos arriscado do que recrutar superestrelas — e aprimorados. Você alcançou o objetivo de Deming.

As superestrelas vangloriam-se porque podem, e sua natureza arrogante é geralmente parte de suas estratégias de sucesso. Para a maior parte delas, o resto de nós não possui nada de que possamos nos orgulhar, e isso em nosso prejuízo. A nova série de táticas diz respeito ao desenvolvimento dessa natureza arrogante e de como colocá-la em uso de maneira surpreendente.

A mágica das afirmações insensatas

Quando somos crianças, sempre nos dizem para não ostentarmos. Por quê? Há algumas razões. Pode ser uma preocupação pela nossa segurança. Ostentar chama a atenção, e sabendo que estamos ali, as pessoas podem nos atacar. Ou pode nos remeter à Reforma. O Novo Testamento diz "Venha e vanglorie-se no Senhor", e tanto os puritanos como os quakers proibiam expressamente as roupas espalhafatosas e qualquer outra coisa que chamasse a atenção para si mesmos. Ou podemos ir ainda mais longe. Santo Agostinho escreveu que "o orgulho é o começo de todo o pecado". E a ostentação é o prenúncio do orgulho.

Qualquer que seja a fonte, proibições contra a ostentação estão profundamente enraizadas em muitas culturas. Entretanto, não há nada de errado em fazer grandes afirmações insensatas, desde que você possa defendê-las. Essas afirmações, na verdade, podem amparar sua posição de liderança e torná-lo famoso.

O que é insensato em relação a uma afirmação insensata é que, primeiro, uma pessoa sensata não faria algo assim, e, segundo, a afirmação por si só pode estar além dos limites da razão. Da mesma forma, afirmações insensatas têm um duplo efeito. Primeiro, elas chamam atenção para quem as pronuncia — ou exibicionistas, como diriam alguns —, e se levarem isso adiante, essa atenção pode gerar publicidade e toda uma série de outros benefícios que não conseguiriam comprar de outra maneira. O segundo efeito é bastante diferente.

Afirmações insensatas têm o efeito de instaurar um marco gigante no chão. Quando você faz sua grande afirmação em alto e bom som, e de modo suficientemente público, está comprometido. Não existe volta. Você anunciou ao mundo o que pretende fazer, e, assim como a esquadra de Cortez depois dele ter queimado os navios no famoso episódio, não há como retroceder. Não há outra opção possível.

Logo após uma breve introdução aos princípios das técnicas psicológicas da Programação Neurolinguística, Anthony Robbins colocou a técnica em prática, aparecendo nas estações de rádio e televisão em todo o Canadá e nos Estados Unidos para alardear as maravilhas de sua nova "tecnologia da mudança". Um orador inato, ele estava tão confiante na sua capacidade de induzir mudanças dramáticas nas pessoas que começou a desafiar publicamente psiquiatras, pedindo uma chance para trabalhar com seus casos mais difíceis diante de uma plateia ao vivo. Em rede nacional de televisão, foi apresentado a uma mulher que tinha um medo paralisante de cobras, já tendo se submetido até então a sete anos de psicoterapia. Robbins curou a mulher de sua fobia de cobras em apenas 15 minutos, reunindo a imprensa de todo o mundo e lançando sua estupenda carreira.

A afirmação de Robbins era insensata, mas ele tirou proveito dela. O amigo de Robbins, guru de imóveis Robert Allen, usou uma abordagem semelhante quando fez uma aposta pública no programa *Larry King Live*. Ele afirmou que sua forma de negociar e suas estratégias de "nenhum adiantamento" na transação de imóveis eram tão boas que você poderia largá-lo em qualquer lugar dos Estados Unidos sem um tostão no bolso e ele conseguiria adquirir sete propriedades em 48 horas. O *Los Angeles Times* aceitou o desafio de Allen. Em 48 horas ele não apenas tinha garantido as sete propriedades — sem gastar um centavo sequer — como tinha firmado nacionalmente sua reputação.

Allen e Robbins fizeram afirmações importantes, corajosas, insensatas. Eles não focaram no que poderia acontecer; isso seria muito sem graça — ninguém se importaria. Eles focaram no insensato, e todos apostavam que eles perderiam. Para eles, o resultado era algo não apenas possível, mas inevitável.

O líder de biotecnologia J. Craig Venter vangloriou-se que bateria o Projeto Genoma Humano, financiado pelo governo federal dos EUA, e seria o primeiro a decodificar a sequência de DNA humano. As afirmações de Venter foram alvo de desprezo por parte da comunidade acadêmica, e muitos questionaram seus métodos, mas, dependendo da forma como você encara o fato, ele realmente chegou lá primeiro.

Nem todas as grandes afirmações são atos de ostentação, e o poder de uma afirmação insensata para mobilizar as pessoas está bem documentada. Considere a famosa declaração de John F. Kennedy de que os Estados Unidos teriam um homem na lua até o fim dos anos 1960. Os Estados Unidos moveram céu e terra para alcançar esse objetivo, e, nesse processo, transformaram componentes-chave da educação e da indústria naquele país.

Afirmações insensatas estimulam as pessoas a agir. Nós nos envolvemos com a grandiosidade da ideia; é por isso que as afirmações funcionam. Pequenas ideias raramente mobilizam alguém para a ação — riscos menores, recompensas menores, diz o ditado — e ideias pequenas não impulsionam as pessoas o suficiente para que algo interessante aconteça. Mas afirmações fora do comum e que não pareçam impossíveis podem estimular uma equipe e fazê-la se mover.

As pessoas se preocupam em como conseguir realizar alguma coisa. Não é necessário. Foque no que vai ser feito; e faça com que todos se entusiasmem. Aí, sim, descubra como realizar. O "como" sempre aparece, e é muito mais fácil desenvolver o "como" quando você tem mais pessoas pensando e mais recursos com que lidar.

Qualquer um que já tenha levantado dinheiro para uma empresa em fase de abertura sabe que é muito mais fácil levantar US$ 1 milhão — ou mesmo 2 milhões — do que US$ 250 mil. O montante pequeno não é suficientemente atraente; não há retorno suficiente. Mas valores maiores podem significar um retorno de dez vezes mais, e isso seria algo a considerar. É claro que para levantar mais dinheiro você

162 SEJA INSENSATO

precisa fazer afirmações mais bombásticas — e geralmente insensatas — e, então, trabalhar como um louco para cumprir a promessa.

Quanto maior a afirmação e quanto maior o alarde, mais atenção você terá. Dentro de sua empresa, as pessoas vão atirar a esmo em sua ideia. Você pedirá que elas tragam isso à tona, pois é exatamente esse tipo de interação que você almeja. Faça com que elas o ajudem a depurar sua ideia, mostrando o que está errado e descobrindo uma maneira de consertá-la. Faça essa afirmação. Faça de modo vibrante. Torne-a pública.

Chame isso de desejo de sucesso. Chame de comprometimento. Chame de disciplina. Não importa o termo que você empregar, a próxima tática geralmente está associada a um traço de personalidade, não a processos de negócios. Não cometa o erro de pensar que é algo que deveria ter nascido com você. É de grande eficácia, talvez o elemento mais contundente que você pode trazer para sua empresa e para as pessoas com quem você trabalha. Usado com propriedade, afetará seu negócio mais do que qualquer conjunto de táticas de marketing e de vendas em que você possa pensar. Você pode desenvolver sua própria tática e fazê-lo de forma deliberada.

Pensando a longo prazo

A maior parte dos vendedores não vê a hora de entrar em cena para empurrar suas mercadorias. Isso é o que se espera deles, e a maioria está realmente inclinada a fazer isso. Jeff Walker é diferente. Sua exclusividade está em lançar novos produtos com um método insensato. Essencialmente, ele constrói uma relação com seu mercado, estimulando-o com pequenas gotas de informação e pequenas peças de valor, até que o mercado deseje o produto ou serviço que ainda não foi oferecido.

"Quando analiso meu negócio — venda de informação on-line —, vejo que o que me diferenciou foi que sempre foquei, em primeiro lugar e principalmente, o estabelecimento de relações com meus clientes potenciais muito antes de tentar vender alguma coisa. Em muitos casos, as pessoas querem atacar logo na jugular; eu prefiro construir uma relação primeiro. Seja o que for, artigos, envio de e-mails, páginas da internet — o que for —, sempre faço o possível para criar uma relação, aprofundar a relação, e, então — somente então —, partir para a venda. Muitas pessoas me consideram insensato, e isso porque a maior parte delas não quer pensar a longo prazo. Elas preferem gratificação imediata. Elas querem resultados agora; querem resultados ontem. Essa necessidade de imediatismo afeta muitas pessoas, e as impede de conseguir o que realmente querem.

"As pessoas que pensam a longo prazo vencem. Veja Warren Buffett. Ele é completamente insensato quando comparado a outros investidores. Ele diz: 'Eu não me importo com as tendências; se eu não entender, vou pular essa parte.' Para mim, o que interessa é estabelecer uma relação de longo prazo com meu cliente, e pretendo trabalhar nisso até que a relação frutifique. Como Buffett, estou assumindo uma perspectiva de longuíssimo prazo. Posso fazer isso porque sei que vai funcionar; apenas tenho que me manter firme até que funcione.

"Sempre quis pensar a longo prazo; tratar as pessoas corretamente, nunca comprometer minha ética, e estou obtendo sucesso. Realmente acredito na Regra de Ouro — trate as pessoas da maneira como gostaria de ser tratado, e tudo o que faço é me preocupar com as minhas relações — a longo prazo. Para um longo percurso. O que é fantástico nessa abordagem é que está tão enraizada na natureza humana que funciona para quase todo mundo, com qualquer tipo de personalidade e qualquer tipo de negócio. Centenas de empresas usaram meu sistema de 'Fórmula de Lançamento de Produtos' para lançar com sucesso novos produtos e serviços.

"E foi assim que funcionou comigo. Como disse, meu negócio está relacionado a publicar informações, e tenho vendido produtos pela internet por aproximadamente dez anos. Quatro anos atrás decidi que deveria ensinar outras pessoas a fazer o que faço. Comecei criando um site na internet, reunindo endereços de e-mails e marcando minha presença. Eu não tinha certeza onde aquilo acabaria, mas fiz o que sei fazer: criei relações com meus leitores, estabeleci minha presença e delimitei um território. Finalmente, me fiz perceber, e quando lancei meu negócio de treinamento e aprendizagem, simplesmente explodiu. É incrível, mas em 1995 eu estava definindo objetivos para minha receita anual e acabei ganhando mais dinheiro em uma única hora do que havia planejado ganhar em um ano, 12 anos atrás. Esse é o poder insensato da visão de longo prazo."

Vontade é uma palavra profana

Na guerra, o mais imponderável é a vontade humana.

— Sir Basil Liddell Hart

Como não há nada mais destrutivo que fazer afirmações prepotentes e exorbitantes em público sem poder retroceder, garanta que terá condições de cumpri-las. Se você fez uma afirmação realmente insensata — uma que possivelmente não seria verdadeira na época em que a fez —, então terá muito trabalho. Tornar suas afirmações realidade vai exigir algo que é estranho a muita gente: *aplicação da vontade*. O poder da vontade significa realizar ações independentemente de estar disposto ou não. A vontade é a capacidade de continuar, não importando o que aconteça, muitas vezes porque você simplesmente sabe que vai ser bom e, outras vezes, porque você simplesmente se comprometeu a fazê-lo.

A maior parte do tempo das pessoas nas organizações é desperdiçado — disperso e sem forças, como a luz do sol se dissipando. O tempo de trabalho é gasto e permanece sem foco, e as oito ou dez horas por dia nas quais as pessoas estão fisicamente presentes resulta em muito menos que isso em termos de serviços úteis. Alguns anos atrás, conduzimos uma pesquisa para determinar quanto do dia de trabalho era percebido como produtivo. Em vários casos, gerentes e executivos disseram que estimavam de uma a duas horas de tempo realmente produtivo. Apresento esses números quando falo para grupos de executivos e eles respondem com gargalhadas. No começo, achei que as pessoas ficariam ofendidas; agora percebo que o número que estou estimando é um tanto alto!

A vontade, se aplicada propriamente, pode mudar tudo isso. Ela tem o poder de transformar a existência ordinária em algo realmente notável. Ter uma vontade firme casa-se perfeitamente com fazer afirmações insensatas — você pode prometer coisas audaciosas quando está convencido que tem a tenacidade para persistir. Ter uma vontade

TÁTICAS *INSENSATAS*   165

firme está além de qualquer solicitação insensata. Você pergunta com convicção, sabendo que se a mesa virar você continuaria sendo capaz de dizer sim com segurança.

Crie valor obsessivamente: um estudo de caso insensato

Quando eu era pequeno, queria ser uma estrela do rock, mas não tinha me dado conta dos meus defeitos. Não tinha ouvido musical, não tinha o visual de uma estrela de rock e não sabia tocar nada. Mas ainda queria causar impacto e valor em milhares de pessoas. Então decidi ser um empreendedor.

— Chris Knight, CEO e editor do *EzineArticles*

Uma das formas de assegurar a lealdade dos clientes é criar, de forma obsessiva, valor para eles. Embora possa parecer óbvio, a maioria dos empresários não age dessa forma. *(A maior parte das táticas insensatas parece tão óbvia que talvez nem valha a pena mencioná-las, exceto pelo fato de que pouquíssimas pessoas as utilizem.)* Muitos empreendedores se dão conta de que devem criar valor para seus clientes, mas fazem isso em porções calculadas. Criam valor proporcionalmente ao que recebem e acreditam que devam fazer exatamente isso e nada mais.

Chris Knight é um empreendedor da internet que administra um dos mais populares sites da rede. O foco de seu site, EzineArticles.com, é oferecer artigos que leitores e outros editores de sites podem utilizar gratuitamente. Em um período recorde de tempo, ele reuniu mais conteúdo gratuito de alta qualidade do que qualquer outro concorrente. Knight assumiu o comando e relançou o EzineArticles.com um pouco mais de dois anos atrás e hoje em dia está entre os 700 sites mais populares na internet. Se você não conhecesse o *ranking*, talvez dissesse, "Número 700? Isso não é tão popular", mas no meio de mais de 10 milhões de páginas da internet, isso é uma grande conquista. Como ele conseguiu sair da marca de praticamente nenhum visitante para mais de 250 mil visitantes por dia?

"Eu acredito que a quantidade de dinheiro que acumulamos é proporcional à quantidade de valor criado", diz Knight. "Meu objetivo é criar muito valor para uma grande quantidade de pessoas. São serviços para terceiros; é assim que atinjo meus objetivos pessoais."

Todo o negócio está baseado em descobrir como oferecer esse grande valor e esse grande serviço. A maior parte do valor está no tamanho da base de conteúdo: o EzineArticles.com oferece mais artigos gratuitos do que qualquer outro site de distribuição de artigos, o que o torna uma excelente fonte para autores procurando distribuição e editores procurando conteúdo. Pelo fato dos softwares de administração de conteúdo disponíveis não oferecerem uma experiência aceitável ao usuário, a empresa desenvolveu seu próprio software — não foi uma tarefa simples. A versão 1.0 não atendia o conceito de valor de Knight, e então a empresa começou a solicitar as opiniões dos visitantes e aplicá-las em um processo de melhoria constante. "Nossos usuários são como nosso conselho de administração", afirma Knight. Ele encoraja outros empreendedores de informática a permitir que os usuários criem o futuro de sua própria experiência, instituindo o retorno dos visitantes. O valor oferecido pelo EzineArticles.com não é derivado de peças específicas, mas é constituído por centenas de pequenas melhorias em seu processo de ponta a ponta, feitas a cada semana como resultado da sugestão dos usuários.

De que outra forma essa obsessão pelo valor funciona? A empresa mede tudo: quantas vezes a página é carregada, os tempos de resposta dos usuários finais, o número de erros, o tempo de atividade. Ela segue a "teoria do mundo pequeno": com o nível bastante elevado de tráfego no EzineArticles.com não há como haver muitas falhas sem que alguém reclame. O que significa que a obsessão pelo valor é também uma obsessão pela qualidade.

A empresa pensa o mesmo a respeito do conteúdo em si. Sob uma perspectiva editorial, os artigos são sobre dicas e técnicas. O EzineArticles.com não se considera defensora do jornalismo cidadão, e o negócio não envolve liberdade de expressão. Isso significa que editores humanos removem todo conteúdo ofensivo antes que venha a ser publicado, e queixas editoriais são administradas imediatamente. Embora Knight tenha grande respeito por seus autores, não há um único autor que a empresa considere manter em troca de visitantes.

Tudo isso seria suficientemente insensato — essa empresa vai muito mais alto e além que seus concorrentes em todas as dimensões, e por isso ela os sobrepujou e os venceu no mercado. Mas a empresa tem uma filosofia que é em si mesma insensata. Pode ser sintetizada em duas palavras: ir fundo. O EzineArticles.com foi bem-sucedida porque teve a vontade de ir fundo, onde ninguém mais iria racionalmente. Ela tem uma capacidade técnica mais profunda, uma análise mais profunda de suas próprias operações e também um conteúdo mais profundo. Knight diz: "A verdadeira excelência não pode ser conquistada antes que você tenha ido mais fundo do que qualquer outra pessoa. Somente então poderá se considerar um mestre."

Construindo a vontade

O grande segredo da vida é que não há um grande segredo.
Qualquer que seja seu objetivo, você o alcançará lá se estiver
disposto a trabalhar.

— Oprah Winfrey

A vontade é como um músculo; quanto mais você treiná-lo, mais forte ele fica. Todo mundo na sua empresa tem um certo nível de tônus muscular, e todo mundo tem alguma força de vontade. Se você não frequenta uma academia há anos e não pratica exercícios regularmente, provavelmente está bem fraco. Se não tiver passado algum tempo exercitando sua vontade, é possível que ela também esteja fraca.

A maneira de construir a vontade é simples. Você tem de usá-la. A melhor maneira é estabelecer tarefas que estejam simplesmente fora de suas habilidades, que exijam maior concentração, atenção e persistência, e, então, executá-las. O segredo é fazer as coisas com antecipação e de modo estudado. Conquistar seus objetivos por acaso não ajuda muito a construir a vontade. Você deve decidir que fará algo em determinada hora e sob certas condições de satisfação, e então fazê-lo. Isso constrói a vontade. Depois, você decide fazer alguma outra coisa que está um pouco além do seu alcance, e faz. Mais vontade. Ao longo do tempo, sua capacidade de buscar resultados e produzi-los será transformada. Em vez de ser um raio de sol difuso, sua vontade vai agir como um raio laser: concentrada, coordenada e capaz de um poder muito maior.

Comece da mesma forma que os fisiculturistas tonificam sua musculatura. Eles começam com um peso que podem levantar, mas que simbolize um esforço, talvez 12 quilos. Repetem o exercício até ficar fácil, e então aumentam o peso para 15 quilos. Continuam com esse peso até que se torne novamente fácil, e aumentam mais uma vez. Depois de algum tempo, estão erguendo centenas de quilos. Você pode construir sua vontade organizacional da mesma maneira.

Comece com algo pequeno. Não importa muito o que seja — pode ser um compromisso de ligar para um cliente exatamente às 15h15, ou visitar sua academia, hoje, às 6h30 em ponto, para aquela série de exercícios há muito tempo esperada. Talvez seja a hora de mandar uma nova carta comercial que você vem adiando, ou ter reuniões com sua equipe esta semana, qualquer coisa. Para algumas pessoas, é tão elementar quanto chegar ao escritório em um horário determinado ou começar e terminar as reuniões exatamente de acordo com o cronograma. Comece com qualquer coisa; avise a quem você tiver de avisar, e aja.

Siga para o próximo nível. Que item você costuma iniciar com frequência e depois parar? O que você deseja realizar toda semana, mas nunca faz por mais de duas semanas consecutivas? Pode ser uma daquelas reuniões pessoais. É isso que as pessoas comuns fazem — elas começam, mas logo param. Mas aquelas com força de vontade simplesmente decidem. E, então, fazem.

Escolha uma dessas coisas que você começa-e-para, começa-e-para, coloque-a em seu cronograma e execute-a. Você não precisa se comprometer para sempre; pode assumir o compromisso pelas próximas quatro semanas. Quando terminar, assuma novamente o compromisso. Vá para a academia todo dia na mesma hora, às 6h30, pelas próximas quatro semanas. Todos os dias, um por um, e todas as semanas, uma por uma. E faça. A cada vez que você decidir e fizer, estará reforçando e fortalecendo sua força de vontade. Faça isso pelas próximas quatro semanas e poderá se comprometer novamente, e adicionar mais alguma coisa. Ao longo do tempo, você construirá um grande reservatório de força. Construir sua vontade é algo progressivo, mas o efeito é cumulativo e, no fim, você atingirá o ponto máximo, em que sua vontade terá quase que um efeito inacreditável em sua capacidade de produzir resultados extraordinários.

Faça com que os membros da sua equipe também se envolvam. Converse com eles sobre vontade e faça-os tomar pequenas decisões. Depois, decisões maiores. E, depois, grandes decisões.

Existe algo que vai obstruir o desenvolvimento da vontade, que é brincar com a verdade — qualquer coisa que se assemelhe com mentir pura e simplesmente para exagerar ou distender a verdade, até mesmo "elogio exagerado" ou "interpretações imprecisas". É claro, isso é apenas bom senso em negócios; prenda-se aos fatos e tudo funcionará corretamente. Mas, ao desenvolver sua vontade, a verdade funciona, e tudo que não for verdade vai trabalhar contra você.

Em *The Most Famous Man in America*, Debby Applegate menciona que quando perguntaram a Henry Ward Beecher como ele conseguia realizar muito mais coisas que os outros, ele respondeu: "Eu não faço mais coisas, eu faço menos que as outras pessoas. Elas fazem os seus trabalhos três vezes. A primeira vez, como antecipação, a segunda, de fato, e a terceira, ruminando-os. Eu faço o meu trabalho de fato, e termino fazendo as coisas apenas uma vez." Beecher conseguia se concentrar e focar sua vontade no que estava fazendo naquele momento, excluindo todas as outras coisas. Ele aplicava sua vontade a problemas diante de si; isso lhe dava uma grande produtividade e força.

Pessoas normais parecem incapazes de fazer isso. Elas se deixam distrair por tudo que lhes parecer interessante ou que lhes chame a atenção naquele momento, seja um alerta de e-mail, o telefone ou um colega que vem conversar sobre o jogo da noite anterior ou sobre a recente onda de calor. Afinal, é razoável prestar atenção a pessoas quando elas estão na sua frente, não é? Ou atender o telefone quando ele toca — foi assim que aprendemos a viver. Pode ser razoável, mas não vai ajudar muito.

Nos anos 1980 e 1990, a tendência no planejamento de escritórios era eliminar as tradicionais quatro paredes, em prol de baias móveis e espaços abertos no local de trabalho. Além de ser mais barato de implementar e oferecer maior flexibilidade, havia uma noção popular de que era mais igualitário, que nivelava a organização e que ajudaria os executivos a estar mais próximos do pulso das coisas. Mas, de acordo com uma pesquisa realizada entre 1.500 empregados pela agência de empregos britânica Office Angels, mais de três quartos dos ingleses reclamavam que ambientes de trabalho totalmente abertos não apenas sufocavam sua criatividade, como também dificultavam sua capacidade de concluir os trabalhos. Entre outras coisas, 84% dos empregados queriam escritórios de portas fechadas, e oito em cada dez acreditavam ser difícil se concentrar em um ambiente aberto. Parece que a força de vontade da maioria dos trabalhadores em escritórios não está preparada para ignorar as interrupções.

A arte de ser insensato depende, em grande parte, de uma vontade bem desenvolvida, assim como a de Henry Ward Beecher. A vontade aplicada é parte do quebra-cabeça; a outra parte é a disciplina da regularidade. Pense novamente sobre nosso levantador de pesos do começo. Não adianta chegar à academia às 6h30 da manhã, três dias consecutivos, e depois não aparecer por semanas. Os músculos não vão aumentar dessa maneira. Tampouco haverá perda de peso. Tente se alimentar corretamente durante uma semana. Ótimo, mas o que acontece então? Nada. De fato, pior do que nada. O desânimo toma conta, porque os resultados esperados não se materializam.

É a mesma coisa com um programa de execução. A maior parte dos programas de marketing fracassam porque as empresas não têm a disciplina de executá-los mês após mês. Programas de vendas fracassam porque os vendedores não os executam todos os dias. Reuniões de equipe acontecem por algumas semanas até que todo mundo esteja ocupado, e aí elas são abandonadas. Para ser bem-sucedidos, todos esses programas exigem vontade da empresa e disciplina, de modo que cada um seja executado repetidamente por quanto tempo seja necessário até produzir os resultados esperados. Vontade de fazer, em primeiro lugar; disciplina para mantê-los em atividade, repetidamente, até que eles não sejam mais necessários.

Uma vez tendo forjado sua vontade empresarial coletiva, você certamente sentirá a necessidade de realizar escolhas difíceis entre um conjunto de recursos ou outro, entre um conjunto de táticas ou outro. Todos os itens no seu menu parecerão atraentes, e todos poderão parecer opções sensacionais. E podem, de fato, ser, mas isso não significa que você poderá optar por todos eles. Ser capaz de escolher, e escolher bem, é uma característica única de maturidade.

Sacrifício significa nunca ter de se desculpar

Não é aquilo que ganhamos, mas aquilo que abandonamos que nos enriquece.

— Henry Ward Beecher

Em minha função como assessor de CEOs, as pessoas geralmente me perguntam: "Como posso dar prioridade ao meu tempo?" Normalmente, minha primeira resposta é fugir da pergunta: "Faça o que vai causar o maior impacto." Com relação a quê? Com tudo o que você está tentando alcançar.

O que produzirá maior impacto para concretizar sua visão, atingir sua missão e seus objetivos estratégicos e alcançar suas metas mensais de lucro? Defina o que é mais importante no seu negócio e, então, descubra o que terá o maior impacto para alcançar esse objetivo.

Pessoas normais gastam sua energia de modo bastante sensato, pensando no que as outras pessoas esperam delas e em que estarão focadas. Pessoas insensatas focam nas coisas que vão abalar seu mundo. Os consumidores chamam e você deve responder imediatamente. Afinal, faz sentido manter os consumidores satisfeitos. Mas e se já estiver nos estágios finais e cruciais de lançamento de uma campanha que vai dobrar o lucro do seu negócio? Você deve atender essa chamada?

Sacrifício significa abandonar algo de valor por outra coisa com um valor ainda maior. Não significa desfazer-se das coisas insignificantes; sacrifício é decidir qual das coisas menos significantes é a mais insignificante, e partir para as outras. Talvez temporariamente, talvez para sempre. O sacrifício é a ferramenta dos que estão comprometidos com a insensatez. Sabendo que vai atingir seus resultados, não importa o que acontecer, você decide o que vai ajudá-lo a chegar lá mais rapidamente e o que vai refreá-lo.

As pessoas falam sobre o custo de oportunidade; é uma questão de sacrifício. Se a sua empresa escolher desenvolver o produto A, isso pode significar que não haja recursos disponíveis para insistir no produto B. E isso pode lhe custar algo. Se você decidir cortejar o consumidor X, então os consumidores Y e Z podem ser afetados. Percebe? Escolhas. Sacrifícios.

Beecher expressou isso de modo brilhante: é o que abandonamos que nos enriquece. As empresas que definem o alvo corretamente — seus produtos, seus mercados, seus consumidores — geralmente têm de abandonar outras oportunidades lucrativas. Funciona do mesmo modo em sua vida pessoal. É difícil ser um advogado e um médico — especialmente ao mesmo tempo. Quer ser um astronauta? Você provavelmente terá de abrir mão de sua carreira como cantor. Sacrifícios têm de ser feitos. As empresas aéreas fazem isso o tempo todo, quando abandonam rotas marginais para se concentrar nas mais lucrativas. Não que as rotas não valessem a pena; elas poderiam até ser rentáveis, mas não há aeronaves suficientes para cobrir todas as rotas.

As grandes empresas fazem isso quando vendem suas divisões. A IBM recentemente vendeu integralmente sua divisão de laptops para a gigante de computadores chinesa Lenovo. A divisão de laptops era lucrativa, e o ThinkPad continua sendo uma das mais respeitadas marcas no negócio, mas a linha de produtos não era mais consistente com a direção futura da IBM, e os recursos administrativos precisavam ser direcionados para outras partes da empresa. A empresa sacrificou o ThinkPad e abriu mão de um fluxo lucrativo de receita para ganhar mais em outra área.

Não é possível satisfazer pedidos insensatos de uma hora para outra. Não há mágica capaz de criar um dia de 26 horas ou uma semana com nove dias. A mágica dos pedidos insensatos provém de chamar a atenção das pessoas e concentrá-la nos seus objetivos e programas, ao mesmo tempo que consegue desviá-la de qualquer outra coisa. Essa "qualquer outra coisa" pode também ter seu valor, e assim algo será sacrificado. É importante entender o sacrifício, especialmente quando existe resistência. Sempre haverá um custo de oportunidade. A pergunta que você deve se fazer é: isso importa? Talvez não. A oportunidade perdida pode ser trivial — o tempo gasto verificando e-mails não representa muita coisa. Ou a oportunidade perdida pode ser a oportunidade *de outra pessoa*, e essa perda vai estar no demonstrativo de perdas dela, não do seu.

Muitos consideram *sacrifício* um palavrão, e essa preocupação impede muitas pessoas sensatas a tomar as decisões mais difíceis. Não querer abandonar algo considerado bom sabota a capacidade da sua empresa em se concentrar. Seu pedido insensato combinado com uma forte vontade de conduzir as coisas até o fim pode mudar tudo isso. Uma vez tendo conseguido escolher uma opção em detrimento de outra, uma das primeiras coisas que você pode sacrificar é o relativismo.

Vendo o mundo em branco e preto

Em tempos remotos, as pessoas viam o mundo em termos de dualidades: preto ou branco, bom ou mau, fraco ou forte, sucesso ou fracasso, lucro ou prejuízo, ganhar ou perder, dentro ou fora, certo ou errado, amigo ou inimigo, aliado ou concorrente, conosco ou contra nós.

Nos últimos 50 anos, no entanto, virou moda ver o mundo em termos de tons de cinza. Em vez de fazer julgamentos definitivos sobre as pessoas e as coisas, o mundo mudou para pontos em sequência contínua, e a maior parte das avaliações se tornou relativa. Tons de cinza são agora a maneira sensata de ver as coisas.

Isso não é necessariamente ruim. Muitas coisas em nosso mundo desafiam a categorização, e muitas situações não são completamente de um jeito ou de outro. Enquadrar as coisas em termos de preto e branco exige que você faça distinções firmes onde talvez não haja diferença alguma. Mas alguns temas *são* predefinidos: o lucro é bom; o prejuízo é ruim. Os amigos são bons; os inimigos, ruins. Alta qualidade e baixos índices de devolução de produtos são bons; baixa qualidade e consumidores insatisfeitos são ruins. E assim por diante.

A parte difícil disso é que classificar tudo como preto ou branco cria polarizações; algumas pessoas são incluídas em sua visão de mundo, e outras são excluídas. Algumas coisas atendem seu modelo, e outras não. É insensato expressar valores inequívocos e pedir as pessoas para tomar uma posição. É insensato estabelecer um limite na areia e pedir para as pessoas cruzarem-no.

Por que fazer essas distinções tão implacáveis? Por que arriscar perder metade dos seus defensores potenciais, metade da sua equipe, metade do seu mercado? Por que, enfim? Porque no mercado e no local de trabalho as pessoas buscam uma liderança destemida. *Elas querem tomar uma posição. Elas querem alinhar-se a uma visão. Elas querem que a vida signifique algo, e elas querem se deixar entusiasmar por alguma coisa.* E o relativismo insípido aniquila todo entusiasmo e todo significado, e as pessoas estão cansadas disso. E daí se você polarizar seus colaboradores? Afinal, aqueles que se juntam a você e o seguem são aqueles que deve querer ao seu lado. Com certeza, você perderá o restante, mas provavelmente nunca os teria conquistado, em primeiro lugar.

Não se iluda, esse é um remédio muito poderoso, e é uma das táticas mais dinâmicas deste livro. Escolher agir com base em limites de preto e branco alterará a sorte do seu negócio. Insensatamente.

A dor é inevitável

A dor é inevitável. Todo o sofrimento é opcional.

— Aforismo zen anônimo

De modo geral, a insensatez causa dor; pedidos insensatos, definitivamente, provocam dor. Levam à perda de oportunidades, que é dolorosa. Causam sacrifícios, que são dolorosos. Para muitas pessoas, ter foco é doloroso e abrir mão de algumas de suas distrações mais agradáveis também é doloroso. Para outras, a simples ideia de assumir um compromisso ou tomar uma decisão é dolorosa, e certamente sair da zona de conforto — o ponto central da insensatez — é doloroso.

Mas as organizações comprometidas em obter resultados extraordinários estão acostumadas com isso. A dor é algo que simplesmente acontece quando seu sistema experimenta algo diferente do costume, e, como resultado, o sistema nervoso pensa que algo está errado. A dor é inevitável.

Quando saímos da zona de conforto e todo nosso treinamento e experiência gritam "Não pertenço a este mundo fora das normas", sentimos dor. Ou quando nos comprometemos com algo de que não temos certeza, ou experimentamos algum desconforto e deslocamento, nosso cérebro chama isso de dor. Converse com pessoas que tenham passado por uma incorporação; todas dirão que é algo doloroso. Alguém ficou traumatizado fisicamente? Não, apenas se sentiram deslocados. Dor. Muitas pessoas dizem até mesmo que ter sido promovido foi doloroso. Por quê? Pela mesma razão.

Cada vez que você ou sua organização (talvez devêssemos dizer seu organismo) sentir a dor de ser insensato, examine se algo está errado de fato. Depois que tiver certeza de que as coisas não estão erradas, apesar de serem novas ou diferentes, a dor vai ceder. Mas dor é diferente de sofrimento. O sofrimento acontece quando as pessoas escolhem continuar sentindo dor.

O sofrimento é a dor de sentir dor. Ao decidirmos que algo está, de fato, errado, tendemos a torná-lo pior. Normalmente reagimos com reclamações, resmungando sobre como as coisas são ruins, procurando por companheiros de sofrimento com quem nos queixar, lamentando "Por que eu?" e escolhendo toda uma série de outros comportamentos autoindulgentes feitos para anunciar nossa dor ao mundo. Isso é sofrimento.

É difícil escolher não ter dor, especialmente se você está no mundo tentando algo corajoso. Mas podemos escolher não sofrer; é apenas um outro ato de vontade. Sempre que sentir dor, em vez de programar-se para o modo "infelicidade", preste atenção ao que está acontecendo realmente. Algumas vezes, apenas prestar atenção à dor e perguntar-se sobre o que a está causando é suficiente para fazê-la cessar. Muitas vezes, você terá de desviar sua atenção para outro ponto, talvez querendo concentrar-se nos resultados esperados. Isso geralmente dá certo, e funciona em muitos níveis: físico, mental, espiritual e até mesmo no nível corporativo.

A dor não é ruim. É uma indicação de que algo aconteceu de modo diferente do que você esperava, e a dor é o aviso para descobrir se tudo está funcionando bem. Algumas vezes, a dor significa uma coisa ruim, e pode ser o resultado de uma de suas ações insensatas que não deu certo. Se houver algo errado realmente, conserte. De outra forma, assuma a abordagem insensata e diga: "Isso é diferente, mas tudo bem." Certifique-se de que tudo está realmente bem, e siga em frente.

As pessoas sensatas se intimidam diante de fatos insensatos porque percebem intuitivamente a dor que essas coisas provocarão. Elas preferem o já testado e consagrado, seguro e confortável, porque não querem desapontar ninguém ou causar qualquer desordem. Elas são polidas, reservadas e comedidas, porque sabem que é a maneira esperada de se comportar. Ninguém gosta que lhe peçam para aderir a compromissos ou promessas, e a maioria das pessoas gostaria que seus pequenos mundos permanecessem intactos. Ser insensato desafia tudo que é esperado da sua equipe, de colegas, consumidores, vendedores, banqueiros, até mesmo da imprensa — todo mundo espera que você aja dentro dos limites da experiência normal, e as pessoas ficam ofendidas e, sim, até mesmo magoadas, quando você transgride.

Então, é particularmente bom saber que a dor de ser insensato, embora inevitável, pode ser encurtada. Apenas treine as pessoas à sua volta a se acostumar com ela. Elas também têm de aprender que o sofrimento é opcional.

Diz-se que do outro lado da dor está a alegria. Estratégias e táticas insensatas, aplicadas apropriadamente, têm o potencial de recompensar sua empresa com um sucesso inesperado, e o crédito por esse sucesso deve ser compartilhado.

Recompense os bem-sucedidos

Se você vai pedir insensatamente às pessoas para irem para o alto e avante, que se esforcem e ampliem seus horizontes — tudo isso em seu benefício —, é preciso dar a elas algo em troca. As pessoas com alto desempenho esperam ser recompensadas por seus esforços. Se você quer que elas produzam resultados extraordinários consistentemente, é preciso pagar para ver. Há quatro categorias básicas de recompensa: recompensa financeira, incentivos não-financeiros, reconhecimento público e comemoração geral. Como você pode ver, apenas uma delas vai efetivamente lhe custar dinheiro.

As recompensas financeiras são quase autoexplicativas. Bônus e outros incentivos monetários podem ser recompensas adequadas para um esforço heróico. Elas não precisam ser grandes, mas têm de ser significativas em relação à remuneração regular do beneficiado.

Além disso, fique longe de aumentos salariais, ou qualquer outro tipo de recompensa que se torne permanente.

Há duas escolas de pensamento sobre como preanunciar os bônus, e ambas são válidas. A primeira é que você deve preanunciar um bônus por trabalho bem executado, porque isso age como um incentivo para impulsionar sua equipe. A outra teoria é que se você preanunciar, então estará descartando o elemento da discrição. Deixar o anúncio para o fim permite que você decida quem, quando e quanto, e essa prorrogação pode genuinamente empolgar sua equipe.

Tom Matzen, CEO do Parmasters Golf Training Centers, insiste que as recompensas não-financeiras têm um impacto muito maior do que o simples dinheiro. Ele defende essa teoria dizendo que quando você dá dinheiro às pessoas, ele simplesmente é adicionado a todo dinheiro que elas já possuem, e elas o gastam sem que ninguém fique sabendo. Por outro lado, uma recompensa não-financeira — poderia ser uma viagem de fim de semana para duas pessoas, um novo aparelho de *home theatre*, algumas aulas de golfe ou até mesmo uma noite em um luxuoso restaurante local — é uma experiência que envolve o beneficiado. As pessoas tendem a se lembrar muito mais que isso aconteceu e a associar a você todos os bons sentimentos que elas experimentaram. Isso é especialmente verdadeiro se você der a elas alguma coisa como férias remuneradas, em que suas memórias estarão para sempre ligadas a você, ou um *home theatre*, quando pensarão em você toda vez que assistirem alguma coisa. Racionalmente, todas as pessoas querem mais dinheiro. Você, entretanto, quer que elas se lembrem que fizeram algo extraordinário, e que foram recompensadas por isso e, neste caso, as recompensas não-financeiras funcionam melhor.

O reconhecimento público é uma excelente maneira de recompensar as pessoas por seus esforços insensatos. Pode ser algo discreto, como uma mensagem de e-mail para sua equipe ou mencionar alguém em uma reunião com todo o pessoal. Você pode colocar o nome do herói em um informativo impresso, enviado a todos os seus acionistas. Não tenha medo de esbanjar elogios e atenção. Geralmente, quanto mais, melhor — seja efusivo, seja expansivo. Não se preocupe em deixá-los embaraçados, mas seja sincero.

E não se esqueça de comemorar os sucessos mais significativos. As comemorações podem incluir rodízio de pizzas na hora do almoço até festas de luxo em um hotel local, passeios marítimos com jantar dançante ou até mesmo passeios de balão com champanhe. Vá a público e diga ao seu pessoal que um ótimo trabalho foi realizado. Nunca trate seus esforços como um comportamento normal ou como se fosse algo que você esperava (mesmo que você esperasse exatamente isso). Anuncie em alto e bom som o esforço extraordinário de sua equipe, e agradeça entusiasticamente. Deixe claro que sempre haverá novas recompensas pelo trabalho bem feito. Evidentemente, é possível combinar o reconhecimento público e os presentes com qualquer uma de suas comemorações.

Se você tomou a decisão de dirigir, em vez de voar ou pegar o trem, terá de desembrear o carro, fazer pressão com os pés no acelerador, manipular o volante e usar criteriosamente os freios. Nunca chegará a lugar algum a menos que continue fazendo isso até alcançar seu objetivo. Isso é execução.

CAPÍTULO **6**

EXECUÇÃO *INSENSATA*

*A estratégia coloca você dentro de campo, mas
é a execução que paga as contas.*

— Gordon Eubanks, CEO, Symantec, Inc.

Oitenta e dois por cento dos CEOs da Fortune 500 *pesquisados
indicaram que sentem que sua organização realizou um bom
trabalho de planejamento estratégico. Apenas 14% desses mesmos
CEOs indicaram que suas organizações fizeram um bom trabalho
de implementação dessas estratégias.*

— Revista *Forbes*

Uma pesquisa realizada em 2005 pelo *The Economist* informou que
"se as empresas pretendem se tornar altamente qualificadas na execução e realizar o pleno potencial de suas estratégias atuais, o aumento
no desempenho seria de quase 60%, em média. (...) Se essas empresas se tornassem 'muito eficazes' na execução, esperariam que os lucros operacionais melhorassem em média 30% a cada dois anos,
disseram os entrevistados".

As empresas precisam saber como executar.

182 Seja insensato

A escolha da estratégia, do projeto, do plano e da tática a serem seguidos são partes essenciais do negócio e cada uma aumenta a alavancagem de forma dramática. Posicionando seus recursos da melhor forma possível e selecionando a tática mais eficaz à sua disposição, é possível aumentar suas chances de sucesso de modo que, quando realmente começar a agir, terá mais eficácia com o plano A do que com o plano B ou o plano C. No entanto, não há preparação, planejamento ou estratégia no mundo capaz de gerar resultado sem que você efetivamente a coloque em *execução*. É preciso colocar tudo em prática — na verdade, essa é a própria definição da palavra *execução*.

Existem alguns problemas com essa questão da execução, o primeiro deles é que se trata de um trabalho inglório. Veja os "cinco Ps" da Marinha norte-americana: *Planejamento Prévio Previne Performance Pífia*. Nenhum desses cinco Ps está relacionado com execução. Os estrategistas militares ganham as medalhas, não os soldados rasos do fronte. Ninguém quer ser "especialista em execução" voluntariamente. Bill Johnson, CEO da H.J. Heinz, resume a questão perfeitamente:

> Ninguém com MBA quer aprender sobre execução. Não é fascinante. A estratégia encanta. Pensar sobre o Grande Plano é que é empolgante. Mas a execução é muito mais importante.

Johnson sabe o que está dizendo. A Heinz é uma empresa secular e seria de se imaginar que hoje em dia o crescimento desejado foi alcançado. Na verdade, a empresa obteve maior crescimento de receita no último ano do que nos cinco anteriores. Johnson acredita que em um mercado consolidado como esse, onde não há surpresas, a empresa deve o aumento inteiro a uma execução de vendas altamente direcionada.

Por que a execução estratégica é tão difícil?

"Os elementos do modelo de negócios da Dell não são segredo para ninguém (...) então, por que as empresas não conseguiram copiar o modelo?" "Porque algo mais do que estratégia é necessário. São necessários anos de execução consistente para uma empresa alcançar uma vantagem competitiva sustentável."

— Michael Dell, na *Harvard Business Review*

Com tudo que sabemos sobre as enormes recompensas de executar confiavelmente as estratégias da sua empresa, por que é tão difícil para os executivos e empresários dominarem esse quesito? Por que as empresas não passam mais tempo e dedicam mais recursos a aperfeiçoar os processos que são eficientes? Por que um número maior de empresas não pode incorporar *isso* em seu DNA?

Em primeiro lugar, os gerentes (se é que recebem algum treinamento) são treinados para planejar e não para executar. Quando frequentei a faculdade de administração, o catálogo do MBA tinha dezenas de cursos dedicados à estratégia: estratégia de marketing, estratégia competitiva, estratégia corporativa, estratégia financeira, estratégia de produtos e até mesmo estratégia de contratação. Acredito na estratégia, mas pode ser o caso de excesso de coisa boa, porque os currículos de MBA atuais, em geral, não têm um único curso dedicado à execução dessas estratégias.

Pense no sucesso extraordinário de livros, como o de David Allen, *A arte de fazer acontecer* e o eterno best seller de Neil Fiore, *The New Habit*. Embora nenhum desses livros realmente envolva a execução, os títulos prometem alguma perspectiva sobre o assunto. *Execução*, de Larry Bossidy e Ram Charan, faz uma análise direta desse problema e deve boa parte de seu sucesso ao título brilhante da obra. Ninguém é treinado para executar, e a maioria dos empresários não tein a menor ideia de como fazer as pessoas agir de forma consistente.

Em segundo lugar, os executivos e empresários acreditam que o trabalho prático é exercido de forma mais lucrativa pelos subordinados. Quando os executivos consideram o valor do seu tempo ou de sua capacidade de contribuir para determinado conjunto exclusivo de habilidades, pode facilmente parecer que o trabalho de execução é para os menos graduados. Conheço vários empresários que creditam seu sucesso ao distanciamento completo da linha de *execução*. No final das contas, os níveis da diretoria das empresas, de qualquer porte, não só não se concentram na execução, mas se afastam completamente dela. Afinal de contas, os principais gerentes pensam que seguir o plano deve ser fácil, uma vez que a parte mais difícil de planejamento já foi realizada. Os líderes acreditam que, se souberem dizer às pessoas que elas devem fazer a coisa certa, isso será feito. Evidentemente, todos sabemos em nosso coração que nada poderia estar mais longe da verdade.

A terceira, e possivelmente maior, barreira que atrapalha a execução exitosa é a crença errônea de que a estratégia e a execução são de alguma maneira elementos separados. Sabemos pela máxima do marechal de campo von Moltke sobre planos de batalha que as estratégias não sobrevivem muito tempo na sua forma inicial, mas devem ser ajustadas e adaptadas continuamente durante a batalha em questão. O mesmo é válido para o setor comercial. As estratégias e os planos são novos nos estágios iniciais de uma campanha, mas assim que você começar a enfrentar concorrentes e clientes há necessidade de ajustes e reajustes e de uma redisposição do negócio. Quando estratégia e execução são separadas como funções estanques no tratamento de indivíduos diferentes, as estratégias tornam-se fixas por um período estabelecido, e a execução sofrerá as consequências.

Não só as responsabilidades pela execução são mantidas separadas, mas isolar a estratégia da execução também tem o efeito de *ex-*

cluir os executores do processo de estratégia, o que muitas vezes resulta em estratégias que não podem ser realmente executadas. Essas estratégias são criadas em um ambiente carregado com "não seria incrível se..." sem considerar se a organização é capaz de realizá-lo ou não. Essas estratégias não são insensatas, são impossíveis.

Talvez a última dificuldade com a execução seja que ela envolve muitas pessoas e ocorre em um período indefinido e relativamente longo. A estratégia é tipicamente formulada por um número limitado de indivíduos em um período relativamente limitado e curto. A execução envolve quase que a organização inteira, potencialmente dezenas ou centenas de pessoas com interesses e planos de ação conflitantes, e ocorre durante vários meses e até mesmo anos. Esse longo período de tempo dificulta que os demais interessados permaneçam focados e concentrem seus esforços.

Crises surgem, novos desafios organizacionais aparecem, o mercado muda, os gostos mudam, e os concorrentes agem de forma inescrupulosa. Esse movimento caótico, juntamente com a tendência natural de ficar entediado e se voltar para outras questões, torna a execução da estratégia muito difícil. A estratégia e o planejamento insensatos colocam sua empresa em posição de alcançar avanços, mas os avanços não ocorrerão sem execução disciplinada. É por isso que quando analisamos a situação chegamos à conclusão de que "a execução é a única saída".

A longo prazo, a execução bem-sucedida de uma estratégia requer muitos dos atributos cobertos em outras partes deste livro. Em primeiro lugar, e mais importante, está o desenvolvimento de uma cultura da disciplina e força de vontade. A vontade da empresa é necessária para que você siga em frente — para começar a executar um plano e continuar sem esmorecer diante do caos e da turbulência no mercado. A execução bem-sucedida começa com o compromisso do mais alto nível hierárquico da empresa em lançar uma campanha, juntamente com acordos estabelecidos *a priori* de suporte continuado da gerência. A execução agressiva também requer força de vontade no nível da "realização", a vontade de permanecer constante em relação aos programas disponíveis. Como nada no mundo é tão simples quanto parece, os pedidos insensatos se tornam a norma — a execução sempre exige mais do que os planejadores originalmente acharam que era necessário. Toda a equipe de execução tem que se adaptar a um nível insensatamente alto de função. As empresas que querem prosperar precisam de uma mudança para um patamar muito maior do que os 90 minutos em média de produção diária.

A responsabilidade insensata — desenvolver o tipo de organização em que as pessoas assumem compromissos e é esperado que esses sejam honrados — é a outra chave para os programas de execução adequada. O padrão nos negócios é não culpar as pessoas pelos objetivos que não conseguiram alcançar. As pessoas dizem "seja razoável". *Não, não seja razoável*, não se o seu objetivo for atingir as metas estratégicas da empresa. As burocracias ultraconservadoras são conhecidas por tolerar a baixa produtividade; empresas inovadoras voltadas para alcançar resultados extraordinários não podem se dar a esse luxo.

A fórmula insensata de execução é simples: *espere pelo melhor e inspecione tudo*. Exija muito das pessoas e recompense-as publicamente por cumprir as metas. Fortaleça a vontade corporativa e individual e faça com que todos sejam responsáveis por seus resultados. Parece fácil, mas não é. E funciona.

Será que realmente podemos contar com eles?

Uma promessa tem realmente valor. Nesse momento, a promessa deixa de ser apenas palavras e se torna algo concreto, e sua relação com o mundo muda. Você se verá gerando resultados que parecem descontínuos e imprevisíveis do ponto de vista do espectador.

— Werner Erhardt, fundador da EST

O primeiro passo em direção a uma execução consistentemente bem feita é uma cultura de prestação de contas. Assumir responsabilidade por prestar contas é uma prática que vem recebendo muitas críticas no ambiente de negócios atual. Na mente do público, pessoas como Al Dunlop tornaram a prestação de contas sinônimo de ser despedido por não alcançar as metas. Para muitos, a prestação de contas tornou-se um código para "Estou frito se não conseguir cumprir as metas".

É uma daqueles expressões que causam confusão. Não deveria, pois é realmente simples. Ser responsável nada mais é do que fazer uma promessa de alcançar algo e esperar ter condições de cumpri-la.

Prestar contas significa que *podemos confiar que as pessoas* produzirão um resultado específico. Esta é uma condição essencial para a execução bem feita. Você dá sua palavra. Sua equipe se compromete. Os clientes prometem. Todos concordam que vão fazer sua parte: cumprir o que disseram que iam fazer, na hora prometida e segundo as condições acordadas. A prestação de contas, quando feita, significa que tudo vai funcionar. Imagine ter uma equipe inteira de pessoas em que você pode confiar. Imagine ter uma empresa inteira com que se pode contar.

Na Roma antiga, os engenheiros tinham uma tradição de responsabilidade final. Diz a lenda que após içar a cimalha e após a conclusão de um arco os andaimes eram removidos ainda com os engenheiros embaixo do arco. Com isso, correndo risco de vida, eles demonstravam que seu trabalho era bom e confiável. É isso aí. Sem tirar nem pôr. Não queremos envolver inocentes, apenas aqueles que estão inteiramente engajados em qualquer que seja o processo com o qual você está comprometido. É isso que significa se apropriar do seu trabalho. "A tarefa é minha. Ela me pertence, assim como os resultados que ela gerar. Por isso, quero ter certeza de que será feito."

Também significa que quando as coisas não saem como planejado, não serão escondidas embaixo do tapete. Ninguém tentará se esquivar ou esconder o fato de que o resultado não foi como planejado.

188   SEJA INSENSATO

Se algo sai errado, como acontece de vez em quando, os responsáveis procuram maneiras de resolver o problema, em vez de não comparecer ao trabalho no dia seguinte. Se novas promessas são necessárias, elas são feitas na mesma hora e sem hesitação.

Responsabilidade com prestação de contas significa "Você pode contar comigo no cumprimento do meu dever".

Quando cada membro da equipe está disposto a assumir responsabilidade assim, o trabalho avança rapidamente porque a tendência natural das pessoas de dizer "Não quero" ou "Não estou a fim" se perde diante do sentimento geral de que algo maior está em jogo. Tudo que é socialmente aceitável e que tende a diminuir o desempenho, todas as pequenas coisas que desperdiçam tempo produtivo tornam-se inaceitáveis e criticáveis. Pode chegar ao ponto em que os membros da equipe que não estiverem fazendo sua parte são marginalizados. *A pressão dos colegas, por si só, quando aplicada de forma construtiva, gera resultados excepcionais em termos de execução.*

Outro fenômeno bem-vindo é a formação espontânea de uma "zona sem lamentações". Antigamente, reclamar do trabalho, suas dificuldades, condições ou horários era aceitável — praticamente tudo podia ser feito. Em uma cultura de responsabilidade com prestação de contas, a lamentação não é tolerada. A mudança é palpável, porque, por mais que as queixas possam ser inofensivas, tiram a energia das pessoas e derrubam sua força de vontade. Pense nisso: por um lado, você está tentando se doutrinar para realizar algo de importante e, por outro, é arrastado em uma onda de reclamações bem do seu lado. Essa proibição autoimposta de qualquer tipo de lamentação traz um esperado alívio para todos os membros sérios da equipe, expondo aqueles que não levam seu trabalho a sério. A responsabilidade com prestação de contas é o molho secreto por trás da execução. Com ela, a execução realmente torna-se fácil. Sem ela, é quase impossível.

A empresa de Sandy integra equipamentos usados em um sistema de emergência pública. A equipe de vendas ganhou seu maior contrato de todos os tempos, mas Sandy estava preocupada porque os engenheiros nunca haviam conseguido fazer uma entrega pontual nos 14 anos de história da empresa, e havia multas pesadas impostas no contrato por atrasos nas entregas. Engenheiros perdendo prazos não é novidade para ninguém. A visão geral é que o trabalho é criativo (primeiro *strike*) e muito complexo (segundo *strike*), e que esses tipos de empregados são lobos solitários que gostam de trabalhar do seu jeito e não podem ser forçados a cumprir prazos (terceiro *strike*). Mas, dessa vez, a sabedoria popular que geralmente aceita atrasos acarretaria um verdadeiro desastre para a empresa de Sandy. Ela tomou uma atitude insensata e impopular, e instituiu um programa básico de prestação de contas. O plano de desenvolvimento de produtos foi revisto por toda a equipe técnica e todos os membros tiveram que concordar, primeiro, que o plano era factível, factível por eles e factível por eles dentro do prazo. Em seguida, a equipe publicou todo o cronograma de desenvolvimento em um site interativo e administrou os prazos e entregas em tempo real. Mantinha reuniões com sessões práticas todas as semanas, com o único objetivo de discutir o que estava dando certo, o que não estava e o que precisava ser feito para garantir o sucesso. Toda a equipe concordou de antemão que iria manter o prazo, a todo custo. Isso significava que qualquer pequeno atraso seria recuperado nos fins de semana e com horas extras. Os membros da equipe nunca concordaram em entregar antes do prazo, só em ficar dentro dele. Mantiveram esse esquema de trabalho durante toda a duração do projeto, e pela primeira vez cumpriram o prazo, entregando o produto a um cliente muito satisfeito.

As ferramentas básicas da responsabilidade na execução

Considere a seguinte lista como estrutura para a prestação de contas que aumentará a confiabilidade de qualquer projeto realizado em grupo. Cada elemento é necessário, e se não estiver presente, criará brechas para possíveis atrasos.

1. Unanimidade com relação à implementação do projeto e seu alinhamento com as metas organizacionais gerais.
2. Concordância de cada membro da equipe em relação à viabilidade do projeto conforme definido, sendo essencial verificar se os participantes terão condições de realizar e efetivamente farão sua parte.
3. Um mecanismo para acompanhar as tarefas e os resultados gerados, e controlar os produtos e objetivos específicos a serem alcançados.
4. Um plano para recuperar o tempo perdido em curto prazo.
5. Reuniões regulares para que todos estejam a par da situação e identifiquem pequenos obstáculos antes que se tornem problemas graves.
6. Um sistema consistente de comunicação entre os membros da equipe que permita a troca de ideias de forma livre e pública.
7. Força de vontade para fazer com que todos os membros da equipe cumpram sua palavra.

Tudo isso parece um pouco insensato; definitivamente, não é o comportamento da maior parte das empresas. Adotar esse tipo de compromisso é transformacional e mudará a própria natureza da relação da sua empresa para com a geração de grandes resultados.

A execução é uma etapa posterior

Pode parecer uma contradição da seção anterior; não é, por isso tenha paciência. Veja a ferramenta número 5 da lista anterior. Um aspecto fundamental de desenvolver projetos de alta responsabilidade é manter reuniões com a participação de todos para controlar o andamento do plano. Essas reuniões, em geral, envolvem resolver pequenos problemas antes que se tornem mais sérios e lidar com obstáculos maiores à medida que aparecem. Essas reuniões são fundamentais para garantir que a execução possa ser realizada tranquilamente. É muito fácil sair dos trilhos por causa de pequenas pendências que ninguém leva em consideração. Esses pequenos inconvenientes começam a se acumular, tornando-se grandes muito rapidamente. E não é apenas com uma equipe, mas com várias, e, de repente, a empresa toda está caminhando rumo ao abismo. E tudo começou de forma tão inocente...

Reuniões para delegar responsabilidade garantem que problemas simples e complexos sejam discutidos e resolvidos com rapidez. Entretanto, a maior parte das reuniões para resolução de problemas das grandes empresas tende a seguir caminhos previsíveis. Todos têm boas intenções, mas a maioria das soluções propostas baseia-se em algum enfoque histórico à resolução de problemas — usando métodos que as pessoas "sabem" que funciona. Lembre do que disse Peter Block. As pessoas têm um impulso em direção à segurança, e isso inclui fazer recomendações guiadas pelo que funcionou bem no passado, há muito tempo. Mas se esses métodos ainda funcionassem, as pessoas já os teriam usado, não é mesmo? Mas por algum motivo ninguém vê isso. Querem ir direto para a fase de execução, por isso propõem qualquer solução simplesmente para entrar no jogo. Para ser eficaz nas reuniões de resolução de problemas é preciso separar a criação de ideias da execução. Em outras palavras, *a execução é uma etapa posterior.* Se a execução entrar na equação cedo demais, você continuará a formular variações ineficazes do que já foi tentado anteriormente.

A mente humana é perfeitamente capaz de fazer muitas coisas diferentes, mas não ao mesmo tempo. Uma maneira de melhorar a qualidade das suas ideias é separar sua geração da avaliação e da exe-

192 Seja insensato

cução. Nossa tendência razoável é fazer tudo de uma vez, e isso simplesmente não funciona direito. Você já tentou fazer uma lista de ideias e depois da quarta ou quinta partiu logo para colocá-las em prática? O mesmo acontece com os grupos. Resista a essa tentação — a execução é uma etapa posterior.

Manter reuniões insensatas para a resolução de problemas significa manter cada etapa separada. Evidentemente, não haverá problemas para avaliar determinada ideia ou desenvolver um plano de ação. A parte capciosa é manter o foco na criação de novas ideias. Isso é difícil porque requer *ideias* e *foco*, dois elementos que normalmente são difíceis para as pessoas.

Pensando com praticidade

Você já leu o capítulo sobre pensamento insensato, por isso está preparado para aprender como pensar com praticidade e chegar à execução.

Parecem ser duas categorias amplas de pensamento. Uma consiste em atividades livres, como sonhar e meditar, enquanto a outra é o processo disciplinado de fazer e responder perguntas. Este não é o pensamento ponderado e racional da ciência cognitiva. Não, nem um pouco. Trata-se do pensamento insensato: pragmático, prático e prescritivo.

Comece estabelecendo uma atitude que chamo de Luz Verde. Esse tipo de pensamento basicamente diz ao cérebro que todas as ideias são boas. Assim que a ideia é explicada, ela precisa de mais validação. Entra na lista, sem julgamento crítico, e você pode passar para a próxima ideia. Não se apaixone por nenhuma das suas ideias nesse estágio, não tente descartá-las nem descobrir como será implementada. Continue até ter todas as ideias de que deseja.

Basta isso: faça as perguntas certas e espere pelas respostas. Quantas? Estabeleça uma meta para novas ideias. Podem ser cinco ou 50. Desde que haja muitas. Se forem 50, não se preocupe em conseguir 50 boas ideias. Confie no processo: com tantas ideias assim, quando você começar a triagem, pelo menos uma delas vai funcionar.

Como ter tantas ideias

A primeira forma de conseguir chegar às respostas — ou ideias — é o *brainstorming* básico. Defina uma meta para o número de ideias e depois aplique a Luz Verde em tudo. Indique duas pessoas com boa caligrafia para anotar as ideias. Uma delas anota uma ideia e a outra anota a próxima ideia, para não haver perda de tempo, o que ajuda a manter o fluxo criativo. Além disso, grave toda a reunião. Invista na tecnologia certa para instalar microfones de mesa na sala de reunião e um gravador que possa funcionar ininterruptamente por 20 horas. Transcreva as conversas depois para garantir que nada foi perdido. Também é bom gravar todas as sutilezas e nuances dos diálogos, que podem ser muito valiosos para ajudar a esclarecer determinada ideia depois.

Mantenha seu equipamento de gravação preparado em todas as reuniões para poder capturar até mesmo encontros casuais ao toque de um botão. Dessa forma, não há possibilidade de deixar passar boas ideias.

Use uma técnica insensata chamada Construção de Perguntas. Reúna sua equipe. O grupo não deve ser grande demais. No máximo 15 pessoas. Estabeleça o contexto — a pergunta mais abrangente que gostaria de discutir. Pode ser algo do tipo: "Como resolvemos este ou aquele problema?" Com base no contexto, peça à equipe para gerar uma lista de perguntas, cujas respostas poderiam levar à solução do problema. Esteja sempre com uma atitude de Luz Verde. Não critique as perguntas menos importantes. Você pode até pedir que as pessoas falem alto o que está na sua cabeça ou percorrer a sala pedindo novas perguntas. Em seguida, mude o procedimento para editar as perguntas e torná-las inteligíveis, pois nem todas o serão. Depois de editar as perguntas e de preparar uma lista boa e consistente, faça cada pergunta em voz alta. O seu grupo deve então fazer o *brainstorming* com Luz Verde em cada uma das perguntas.

Você também pode tentar esse enfoque insensato ao *brainstorming* que usei para gerar alguns resultados muito interessantes. Como antes, comece com a pergunta principal, em geral como resolver algo que não está indo bem. Agora, selecione qualquer livro de sabedoria tradicional, como *Tao Te Ching*, o Novo Testamento, a Torá, o Upanixade, *Self-Reliance*, de Emerson, ou qualquer outro texto que você considere judicioso. Faça sua pergunta e leia uma passagem selecionada ao acaso. Deixe esse trecho ajudá-lo a gerar algumas ideias. Você ficará surpreso ao ver o que as pessoas podem dizer.

Experimente a seguinte lista de perguntas gerais e aplique-as a qualquer problema difícil que está clamando por uma solução. Use as perguntas isoladamente ou combinadas com o processo que acabamos de discutir.

---

20 perguntas insensatas que você provavelmente não conseguirá responder sem pensar muito

1. O que realmente abriria as portas para resolver esse problema?
2. O que você acha da situação que está causando o problema?
3. Como as crenças sobre o problema são úteis?
4. Quais são as questões que estão causando o problema?
5. Quais são os processos críticos relacionados a essas questões?
6. O que poderia ser um avanço em relação a essas questões?
7. Qual parte está funcionando que devemos mudar?
8. Que histórias ou interpretações antigas sustentam essas questões?
9. Se soubesse o que fazer, o que você faria?
10. Se os seus recursos fossem ilimitados, você começaria imediatamente?
11. E se o que você está dizendo não for verdade?
12. Que solução maluca valeria tanto a pena a ponto de você apostar seu futuro nela?

> 13. O que você precisaria saber para estar confortável com esse problema?
> 14. Com qual elemento impossível você não está comprometido porque acha impossível?
> 15. Se você não estivesse fazendo o que está fazendo, como resolveria esse problema?
> 16. Que parte do problema você considerou antes mas nunca tentou revolver?
> 17. Que tipo de solução inspira você?
> 18. Que ideias sobre o problema assustam você por causa de suas implicações?
> 19. Que elementos você acha que poderiam ser eliminados imediatamente?
> 20. A solução para esse problema é animal, mineral ou vegetal?

A arte dos pedidos insensatos

Sua primeira tarefa é criar uma visão empolgante e lucrativa para sua empresa. A tarefa número 2, tão importante quanto a primeira, é a execução. Se não estiver preparado para trabalhar, terá que pedir as pessoas que o façam. Empregados, fornecedores, contratados, parceiros terceirizados — não faz diferença; ainda assim, você terá de pedir a eles que entrem em ação. Na verdade, fazer pedidos é um aspecto crítico do seu dia-a-dia, por isso é melhor se aprimorar em pedir que as pessoas ajam *para que as coisas se realizem*. Parece simples, certo? Longe disso.

Todas as ações no mundo começam com alguém pedindo alguma coisa. O linguista John Searle deixou isso claro em seu livro *Speech Acts* (Atos da fala). Ele chama esse processo de "fazer pedidos", e argumenta assim:

> Um pedido expressa um desejo para que o receptor faça algo, e normalmente tem como objetivo que o receptor tencione e, de fato, realize esse algo. Uma promessa expressa a firme intenção do emis-

sor fazer algo juntamente com a crença de que, por meio do seu discurso, ele será obrigado a fazê-lo, e normalmente tem como objetivo que o receptor espere, e sinta-se no direito de esperar que o emissor o faça.

Tudo bem, as palavras de Searle são um pouco obscuras, mas siga essa lógica: alguém faz alguma coisa significativa sem que outra pessoa peça e sem prometer que vai fazê-lo? (Talvez no caso das pessoas automotivadas, mas aí é a própria pessoa quem está fazendo pedidos para si mesma e concordando com eles.) Fazer pedidos faz com que as pessoas na sua empresa levem adiante o trabalho. Quer que algo seja feito? Peça. Se você é o principal executivo ou o dono do negócio, as pessoas dizem sim e tudo que você pediu se realiza. Isso se chama poder. Mas os pedidos têm seu lado ruim.

A maioria das pessoas, mesmo os líderes, odeia a rejeição. Por isso, pedimos coisas pequenas, fáceis e simples. Raramente pedimos o que realmente queremos que alguém realize — ou mesmo concorde em fazê-lo. Podamos nossas expectativas. Nossos pedidos simplórios permitem que seja fácil para as outras pessoas dizerem sim, mas esses pedidos também geram resultados bem menores do que os que realmente queremos. Depois de um certo tempo, apenas aceitamos o fato de que não podemos pedir muito das pessoas, e nossas expectativas caem sem que percebamos.

Eis um segredo que pode facilitar o processo para você. Linguisticamente, um pedido é diferente de uma ordem ou comando. Alguém (o "receptor" de Searle) não precisa dizer "Sim, senhor". Pode negar seu pedido; pode contrapropor oferecendo uma solução diferente. Mesmo se você for o chefão, seu pessoal pode dizer "Não pode ser feito" ou "Não tenho como fazer isso — pelo menos, não agora", ou algo do gênero. Todas as promessas são voluntárias e envolvem força de vontade. A outra parte pode avaliar a possibilidade do que quer que tenha sido pedido para, então, decidir.

Evidentemente, as pessoas podem pensar que o que você está pedindo é absurdamente "insensato", mas decidir concordar mesmo assim. Isso é com elas. Mas, depois que o fizerem, sua tarefa é apoiá-las para que consigam. Não aborde essa questão de maneira frívola.

"Peça, e lhe será dado... bata à porta, e ela lhe será aberta", diz o Novo Testamento. Se você vai bater, não tenha vergonha de fazê-lo, por mais que se diga que "os humildes herdarão a Terra". O Novo Testamento não está falando sobre a insensatez. Por que pedir coisas razoáveis e fáceis de fazer?

Bata às grandes portas. E bata bem forte.

Não se trata apenas de fazer pedidos aos empregados, mas aos parceiros, contratados, fornecedores, clientes, credores, investidores — quem quer que interaja com você e de quem você precisa para gerar resultado. Isso também se estende a favores. Se precisar dever um favor a alguém, que seja um favor muito grande. Faça com que seja um favor que alguém gostaria de ver pago. Seja insensato; peça o pacote completo.

Voltando a John Searle por um momento. Nada acontece até você pedir algo a alguém. Você já sabe que as grandes estratégias, do tipo que resultam de estratégias insensatas da possibilidade, requerem grandes ações. Isso significa que, se estiver comprometido com sua empresa em qualquer tipo de ação, pedidos pequenos não conseguirão resolver o problema. É preciso pedir muito. A única maneira de fazer com que grandes coisas aconteçam é aumentar o valor da aposta e fazer com que seus pedidos sejam os mais insensatos possíveis.

Pedidos insensatos motivam

Além de aumentar a produtividade, os grandes pedidos são motivadores. Afinal de contas, você preferiria fazer algo significativo, ou mesmo glorioso, ou realizar uma pequena tarefa de cujos resultados ninguém nunca vai ouvir falar? Se existe alguém na sua equipe que prefere a tarefa menor, despeça-o imediatamente.

198   SEJA INSENSATO

Isso não significa que as pessoas terão medo ou mesmo pavor do desafio. Falamos sobre coragem, e coragem não significa ausência de medo, mas agir diante do medo. Um pouco de coragem pode ser necessário se estiver pedindo algo insensato, mas junto com ela vem um sentimento de heroísmo. As pessoas querem sentir como se estivessem fazendo algo significativo e ousado. Podem até ser convocadas para salvar a empresa. São duplamente motivadas pela noção de que o que lhes foi pedido envolve vida ou morte.

Meu primeiro sócio, Bruno Henry, muitas vezes dizia aos nossos empregados que a empresa estava em dificuldades (e realmente estava) e que salvá-la — juntamente com seus próprios empregos — exigiria um ato de extremo compromisso das duas partes. Às vezes, ele exagerava na dose do desespero financeiro, mas sempre soube elogiar o valor dos empregados e pedia sua colaboração para ajudar a salvar a empresa. Embora esse drama tenha durado três anos, eles nunca se cansavam de ouvir os elogios e nunca nos deixaram na mão.

Mais ciclos e parcelas cada vez maiores

Se reduzirmos o tempo de ciclo, o tempo necessário para realizar algo, poderemos realizar um número maior de ciclos. Da mesma forma, dentro de qualquer ciclo, e com qualquer recurso disponível, se alcançarmos mais, pedindo mais, a produtividade aumentará muito.

Um dos meus colegas me falou sobre um trabalho na área de vendas que ele aceitou quando tinha 20 e poucos anos. Em cada um dos seus primeiros três meses ele faturou US$ 125 mil para a empresa, o que ele achou fantástico. No entanto, seu chefe disse a ele que não era nada. A pessoa contratada antes dele estava faturando US$ 300 mil por mês, e o melhor vendedor da empresa tirava mais de US$ 1 milhão por mês. O chefe do meu colega disse que se ele não triplicasse o faturamento bruto, ele seria despedido.

Você ou eu, vendo a situação de fora, poderíamos ter pensando que o chefe tinha sido injusto. Afinal de contas, a empresa não tinha parte da responsabilidade pelas vendas do meu colega? O seu chefe não deveria ter lhe dito desde o princípio o volume de vendas considerado aceitável? O chefe não deveria ter oferecido algum tipo de orientação e recursos, que poderiam ter ajudado a aumentar as vendas?

São todas perguntas razoáveis, mas não era essa a situação do meu colega. Um pedido insensato havia sido feito: "Triplique suas vendas ou você estará na rua." Ele não questionou se era justo ou não. Ele tinha que pagar o aluguel. Na cabeça dele, soou um alarme de emergência. Ele começou rapidamente a agir. Em vez dos 15 chamados a clientes potenciais por dia, ele começou a fazer 30, 40 e até mesmo 50 ligações por dia. Ele também comprou livros sobre técnicas de vendas e os lia à noite. No dia seguinte, ele colocava em prática pelo menos uma técnica nova. Se funcionasse, ele a mantinha no seu arsenal. Se não funcionasse, ele passava para uma nova técnica. O engraçado é que seus números mensais continuaram a subir depois disso. Após um ano, ele era um dos principais vendedores da empresa.

Ele me contou que no começo, quando chegou a US$ 100 mil, pensou que estava dando o máximo de si. Depois do ultimato, ele viu que realmente tinha potencial inexplorado. O pedido do seu chefe o fez ir além dos limites do comportamento e das expectativas razoáveis.

É claro que nem sempre os pedidos insensatos precisam ser tão desafiadores. Um dos meus clientes fez um pedido insensato na forma de uma oferta de vendas especial que salvou sua empresa de tecnologia. A firma estava tendo um período de baixa e o caixa estava perigosamente baixo. Se tivesse continuado mais alguns meses sem um pagamento substancial, teria ruído. Felizmente, ele ganhou um contrato de sete dígitos. Ainda assim, havia um problema.

O padrão da indústria era o pagamento em três vezes. O cliente pagava primeira parcela, antecipada, outra, depois dos testes do software, e a terceira, quando o produto acabado estivesse pronto para distribuição. Para o meu cliente, condições de pagamento assim não funcionariam. Para manter as portas abertas, ele precisava receber o pagamento integral imediatamente. Era hora de um pedido insensato — algo totalmente inesperado no setor.

Ele fez uma oferta surpreendente ao cliente. Juntamente com o software, a empresa ofereceria serviços de treinamento ao preço de custo e uma garantia completa do dinheiro de volta, em caso de reclamação. Tudo o que queria era o pagamento integral antecipado. Ele queria cada centavo antes da empresa sequer fazer o projeto. O cliente ficou chocado. O treinamento ao preço de custo e a garantia já eram suficientemente abusivos. Mas pagar vários milhões de dólares sem saber se o produto seria aceitável era totalmente inédito. O cliente pensou a respeito durante vários dias, mas no final concordou em pagar o valor. Meu cliente se salvou.

Como seria um pedido insensato no seu ramo de negócios?

> Se normalmente você paga US$ 50 mil por um equipamento, peça ao seu vendedor para vender por US$ 25 mil.
>
> Se normalmente leva seis meses para sua empresa fabricar um produto, peça que o pessoal o faça em dois meses.
>
> Se normalmente você pede que sua equipe alcance um aumento de vendas de 3%, peça um aumento de 100%.

Os grandes pedidos não custam mais do que os pequenos

É importante ficar claro que para que algo aconteça você precisa pedir. Se não pedir formalmente, transformará sua empresa em um negócio de azar, em que as pessoas fazem o que escolhem fazer na hora que quiserem (o que descreve perfeitamente algumas empresas que já vi).

No entanto, uma vez que vai pedir, é bom que o pedido seja grandioso. Como se trata de um pedido, seu pessoal pode simplesmente dizer não. Pedidos grandiosos — assim como grandes favores — não custam mais do que os pequenos.

Peça apenas o que você considera justo esperar das pessoas. Peça para fazerem algo que você acha que não farão. Mas peça assim mesmo. Eis o truque: espere que as pessoas digam sim e não se preocupe se irão fazê-lo ou não. Se todas as pessoas na sua equipe fossem constantemente insensatas em seus pedidos para o restante da equipe e, ao mesmo tempo, esperassem com toda a certeza que seus pedidos fossem atendidos, o que aconteceria? E se você transformasse isso em um jogo, cujo objetivo fosse prometer fazer não importa o que — você acha que isso impulsionaria seu projeto ou negócio de alguma maneira? *Claro que sim.*

Assim como fazer pedidos formais não é uma atividade normal para a maioria das pessoas nas empresas, os pedidos insensatos são duplamente anormais. Fazer pedidos insensatos exige coragem. Algumas pessoas ficarão chocadas. Outras podem ficar irritadas. Se o que deseja alcançar for suficientemente importante, dar uma boa sacudida nas pessoas não fará mal algum. Se tiver imaginado o resultado que deseja alcançar, fará pedidos que criem esse resultado.

Qualquer que seja seu pedido, peça mais. Qualquer que seja o prazo necessário para alcançá-lo, peça antes. Qualquer que seja o valor que estiver disposto a pagar ou negociar, peça para que seja de graça — ou como presente. Você já entendeu a ideia. O avanço da sua empresa será diretamente proporcional ao tamanho dos pedidos, por isso, para que o avanço seja rápido, os pedidos precisam ser grandes. É preciso fazer pedidos insensatos. Faça pedidos grandiosos. Peça mais. Peça mais rápido. Peça mais barato. Qualquer que seja seu pedido, amplifique-o.

Talvez queira começar imediatamente. Pegue um bloco pautado, divida a página ao meio e numere as linhas de 1 a 10. Na coluna da esquerda, escreva "Pedidos sensatos que eu iria fazer", e na coluna da direita escreva "Os mesmos pedidos, só que insensatos". Agora, simplesmente preencha as linhas em branco. Por exemplo, seu pedido sensato pode ser "Bill, preciso disso para sexta-feira". O mesmo pedido na forma insensata poderia ser: "Bill, preciso disso para amanhã de manhã." Ou talvez esteja planejando ligar para a sua gerente do banco, Ivone, e pedir mais 30 dias de prazo para o pagamento de um empréstimo. O pedido insensato seria: "Ivone, preciso aumentar minha linha de crédito em 50% e estender as condições de pagamento." Você já entendeu a ideia. Seja insensato: peça muito. Talvez você consiga.

Pedidos insensatos também vêm na forma de pedir às pessoas que façam coisas que não são feitas apenas "dessa maneira". Alguém que consistentemente pede para fazer algo de forma diferente, talvez de forma insensata, é Ralph Whitworth, fundador da Relational Investors.

Em 1999, Whitworth foi convidado para ser presidente do conselho da Waste Management, Inc., para ajudar a estabilizar a empresa após uma vertiginosa queda no preço de suas ações. As coisas não iam bem, e parecia que a estabilidade era a próxima da lista. Uma semana depois de assumir o cargo o preço das ações caiu novamente. Como era comum naquela época, no caso de grandes quedas nos preços das ações, uma ação judicial foi instaurada contra a administração da empresa. Independentemente do desfecho do julgamento, o processo poderia demorar muito, e enquanto estivesse pendente — poderiam se passar até anos —, haveria uma nuvem escura pairando sobre as ações da empresa. Whitworth sabia que a situação exigia uma atitude insensata e decidiu resolver o problema. De forma ainda mais insensata, ele decidiu resolver a questão da maneira mais rápida e acelerada possível — resolveu fazer tudo sozinho.

Convocou uma reunião com Denise Nappier, tesoureira do estado norte-americano de Connecticut, que era a principal autora do processo e representante dos demais empregados na ação coletiva movida contra a empresa. Os advogados de ambas as partes insistiram que não conseguiriam chegar a um acordo, que simplesmente não seria possível, pois não tinham passado pela fase de levantamento de provas, nem lido milhares de páginas de documentos e testemunhos do processo; assim, não havia como realmente avaliar o valor do acordo.

Parte do motivo pela demora do processo de investigação é que os advogados precisam justificar sua necessidade de analisar cada documento, na medida em que os dois lados tentam impedir que informações privilegiadas e possivelmente prejudiciais cheguem às mãos da outra parte. Isso deu a Whitworth uma ideia.

É aqui que a execução insensata — ter um enfoque muito diferente do senso comum — realmente pode compensar. Whitworth sugeriu que a equipe da Waste Management reunisse todos os documentos que pudessem estar relacionados com o caso e os colocasse em um salão durante 90 dias. Os advogados das duas partes poderiam entrar e sair quando quisessem e consultar os documentos à vontade, só não poderiam sair da sala com o material.

Os advogados responsáveis pela segurança disseram que Whitworth estava "maluco", que seu plano era impulsivo e perigoso. Whitworth simplesmente pensou que era a melhor maneira de fazer a empresa voltar aos trilhos. Nappier concordou com o plano.

Em tempo recorde — quatro meses —, os dois lados chegaram a um acordo, e a Waste Management teve de pagar o segundo maior acordo da história da lei das sociedades anônimas nos EUA. Chegou a US$ 500 milhões, ou cerca de US$ 1 por ação, um montante absurdo na época, mas como a sombra — a incerteza — foi embora, o preço das ações começou a subir, aumentando US$ 2,50 por ação em poucos dias. Todos estavam preocupados com os custos, enquanto Whitworth já tinha calculado o custo/benefício.

Após esse golpe, Whitworth descartou todas as orientações — as estimativas de uma empresa com ações na Bolsa sobre seu potencial de lucro futuro. Informou aos analistas de investimentos de Wall Street: "Não confiem em nada do que dissemos no passado, vamos reconstruir nossas demonstrações financeiras para a empresa inteira."

Esse procedimento é totalmente incomum. Você consegue imaginar a tarefa hercúlea que pode representar para uma empresa do tamanho da Waste Management. Os auditores, a Arthur Andersen, afirmaram que era "impossível". Mas Whitworth disse que ele tinha obrigação de levar o projeto adiante — era a única maneira de restaurar a confiança dos investidores na empresa. Tinha que ser assim, e tinha que ser rápido. Ele deu à equipe financeira um prazo insensato de 10 semanas (10 semanas!) para analisar novamente 600 centros de lucros. A equipe montou uma sala de guerra (uma ideia relativamente comum entre pensadores insensatos) e contratou 2 mil auditores temporários mas experientes. Trabalhando das 17h até a exaustão todas as noites, o exército temporário de auditores, juntamente com a equipe permanente, revisou os livros até concluir o projeto. No final, foram necessárias 16 semanas e, por fim, a empresa deu baixa em US$ 1,7 bilhão em ativos, elaborando um conjunto novo de demonstrações financeiras que nunca precisaram mais ser contabilizadas ou de ajustes significativos.

Cuidado com a voz da razão

> Quando o discurso político ou científico se anuncia como a voz da razão, está fingindo ser Deus, e deve ser combatido e isolado em um canto.

> — Ursula K. Le Guin, discurso de abertura, Bryn Mawr, 1986

Talvez a maior barreira à insensatez seja a voz da razão. Esse é o diálogo que aparece na sua cabeça ou vem de outra pessoa que afirma algo do tipo "Seja razoável, as coisas não são assim". Você ouve esse hino à lógica e à normalidade, e é fácil ser seduzido e pensar "É mesmo, isso *seria errado*".

Pare imediatamente.

O que chamamos de razoável desenvolveu-se com o tempo — anos, décadas, séculos — como uma resposta comedida que tem baixo risco e exige pouco esforço. Embora essa resposta provavelmente tenha sido boa quando começou, considerando sua natureza e longo histórico, ela hoje tende a produzir apenas resultados médios. Por quê? Por causa de todos os altos e baixos que ocorreram e das inúmeras execuções — o que os estatísticos chamam de "testes".

Os períodos de baixa são filtrados pela evitação do risco e pelo desleixo generalizado; é isso que gera o "razoável", em primeiro lugar. As pessoas tentam evitar os riscos e minimizar seus esforços, e com o tempo os enfoques que satisfazem esses critérios se tornam normais. Ficar no lado seguro não é suficiente para ser normal — também tem que haver atração positiva. Assim, coisas que combinam um risco percebido baixo, força limitada e alta recompensa são muito atraentes. Mas os resultados maiores ou mais altos são filtrados por um processo chamado de regressão à média.

Pense nisso como se fosse um retorno sobre o investimento acima da média. Baixo fluxo de caixa, altos rendimentos. Sabemos, da economia, que o preço dos grandes investimentos aumenta com o tempo à medida que mais e mais pessoas procuram alcançar recompensas (relativamente) altas. Muito em breve haverá alto fluxo de caixa, gerando grande retorno, e o retorno relativamente alto passará a ser a média. O mesmo acontece com o que é razoável. O que começou como um esforço modesto para alcançar grandes recompensas não é mais assim. Com o tempo, com a aplicação continuada do que já foi comprovado, quaisquer que fossem os resultados excepcionais alcançados no passado, não são mais assim. Além disso, o mesmo nível de esforço precisa aumentar simplesmente para gerar resultados cada vez menores.

No final das contas, o normal, ou razoável, torna-se sinônimo de medíocre.

206   Seja insensato

O razoável evoluiu para não ultrapassar limites estabelecidos, para nunca ofender ninguém, para não exigir demais de ninguém, para não pressionar o sistema e manter todos dentro da zona de conforto. Então, sempre que ouvir a voz da razão sussurrar em seu ouvido, pergunte-se se deseja criar resultados extraordinários ou não. Como podemos ver, ser razoável implica necessariamente ser comum. Ser razoável não tem outra escolha senão gerar resultados médios. Moderados. Exatamente na medida certa. Mais ou menos. Na mosca. Típico. Correto. Brando. Comedido. As pessoas sensatas acham que tudo isso é aceitável, especialmente uma vez que o objetivo é manter tudo como está, evitar riscos e não trabalhar demais.

Se você está atrás de resultados extraordinários, por definição, eles não podem ser provenientes de ações razoáveis. Resultados extraordinários só podem ser gerados de ações insensatas. E ações insensatas só podem resultar de pedidos insensatos.

Certifique-se de que sua equipe é formada por pessoas que queiram entrar nessa jornada com você. Logo, você verá quem está e quem não está pronto. O autor de *Good to Great* (Empresas feitas para vencer), Jim Collins, afirma que uma das chaves para o sucesso nos negócios é ter as pessoas certas ao seu lado na jornada. Tenha certeza de que os membros da equipe estarão dispostos a fazer sacrifícios e que ficarão satisfeitos em ter que aumentar o ritmo de trabalho.

Jogando nos dois lados

As pessoas sensatas escolhem lados. Fazem apostas e esperam acertar. Mas com que frequência isso acontece? Sem mais informações, existem 50% de chance de estarem certas. Quanto mais informação tivermos, maiores serão as chances. Mesmo assim, podemos errar muitas vezes — especialmente em negócios que se baseiam em condições que estão além do nosso controle.

O outro enfoque vem dos negociadores de Wall Street. Os negociadores querem ganhar dinheiro de qualquer maneira. Fatores externos são em geral incompreensíveis e imprevisíveis, e os negociadores não têm tempo a perder — se perderem com muita frequência, estarão logo sem emprego. Assim, desenvolveram técnicas que foram chamadas de *hedging*, instrumento que visa proteger as operações financeiras do risco de grandes variações de preços.

Os negociadores de opções têm um grupo de estratégias chamadas de *spread*. Basicamente, os negociadores de *spread* compram uma *commodity* e vendem outra, ou compram e vendem o mesmo produto em muitos mercados diferentes ou em momentos diferentes. Dependendo do tipo exato de *spread*, os negociadores podem ganhar caso o produto sendo comprado aumente ou diminua de preço, e podem ganhar também, caso o mercado suba ou desça.

Um *straddle* longo é uma aposta na alta volatilidade. Gera dinheiro se o valor do ativo subjacente subir ou descer significativamente. Um *straddle* curto é uma aposta na baixa volatilidade. Ganha dinheiro se o valor do ativo subjacente não subir muito. Existem mais estratégias exóticas, como *strangles*, *collars*, *fences* e *butterflies*, e cada qual é criada para aproveitar o senso geral das coisas em vez de um desfecho específico.

Mas eis a parte interessante: os negociadores podem ganhar dinheiro independentemente dos rumos do mercado — alta, baixa ou inalterado. Embora possa parecer frustrante quando o mercado permanece estável — sem ação, sem grandes lucros —, os negociadores espertos ainda ganham segurando as opções, o que significa que, embora não haja lucros na transação, ainda podem capturar o prêmio da opção.

Os fazendeiros jogam de forma diferente. Se o preço do milho sobe, o agricultor pode ganhar muito vendendo seu cultivo. Mas o que acontece se o preço cai? Os fazendeiros resolvem esse problema usando algumas das ferramentas dos negociadores de Wall Street — futuros e *hedging* de opções. Embora esperem que os preços subam, basicamente apostam que os preços cairão. Se os preços caírem, podem recuperar parte do preço do cultivo perdido aumentando o valor do *hedge*. Evidentemente, existem custos associados à operação. Garantir que não há risco não é de graça. É algo a se pensar. Muitos fazendeiros sofisticados terminam como negociadores de futuros e complementam sua renda dessa forma.

Existem também outras formas de jogar. Um cliente meu, David Drozd, da Ag-Chieve, localizado em Winnipeg, em Maintoba, no Canadá, assessora os fazendeiros sobre a melhor maneira de proteger o mercado com estratégias não-financeiras. David iniciou a vida como agricultor, e depois de 20 anos trabalhando na fazenda da família hoje orienta fazendeiros do Canadá inteiro sobre os preços dos seus cultivos e se ele acha que aumentarão ou diminuirão, e, mais importante, o que fazer sobre isso e como se proteger sem usar futuros ou opções. Os fazendeiros que plantam cereais podem conseguir lucros e se proteger contra quedas nos preços, e os criadores de gado podem assegurar os suprimentos de ração e se proteger contra um aumento nos preços fazendo o *hedging* de seus recursos no mercado de grãos à vista.

A execução tradicional escolhe um ponto de vista e o segue até o fim. Mas se o negócio depende em grande medida de forças que estão além do nosso controle, é preciso reconhecer isso e agir conforme necessário. A execução bem feita requer a percepção de que existem momentos favoráveis e outros nem tanto. O enfoque insensato requer ver os dois lados da moeda e fazer apostas seguras para que qualquer uma das possibilidades gere resultados positivos para você.

Quem ganha e quem perde

A VF Imagewear detém os direitos de imprimir as logos da Liga Nacional de Futebol americano em camisetas, bonés e outros artigos de vestuário. Um dos contratos da VF permite que a empresa venda uma reprodução dos uniformes das equipes do campeonato. Mas são produtos com vida útil muito limitada; afinal de contas, o entusiasmo por esse tipo de artigo acaba logo depois de um jogo importante, por isso a VF deve agir rápido. Como faz isso?

Joga nos dois lados, é claro. Assim que as semifinais do futebol terminam, a empresa já sabe quais são as equipes que participarão da próxima rodada. "Requer planejamento com 19 semanas de antecedência, para entregar camisetas do campeão da divisão, do campeonato da confederação e das duas equipes no Super Bowl", afirma Ed Doran, presidente da VF. "Para cada equipe que sobra na rodada final é preciso ter a arte-final pronta e preparar o filme para cada tipo de camiseta das equipes." A VF tem suas bases cobertas, distribuindo as diferentes equipes em várias gráficas para que todas estejam preparadas e fiquem prontas com pouco tempo de antecedência. A empresa sempre sai ganhando, desde que os jogos não sejam cancelados.

Não aposte no que vai acontecer; posicione-se para aproveitar a mudança. Procure nos dois lados do campo — o que pode mudar na sua empresa? O que acontecerá se determinado caminho for seguido? E se seguirem em outra direção? O que significaria para o seu negócio? Como podemos aproveitar o movimento qualquer que seja a direção escolhida? Ficando de olho nos dois lados — esse é o truque. Requer que você perca seus preconceitos e esqueça ideias preconcebidas.

Liderança tosca

Ser insensato — fazer pedidos grandiosos, exigir responsabilidade e até mesmo pedir aos membros da equipe para que pensem mais e exercitem seus cérebros — pode deixar você em maus lençóis. Afinal de contas, você está sendo *insensato*, e está violando algumas

regras — se não todas — que as pessoas sensatas esperam e aceitam. Você está tendo ideias estranhas, levando as pessoas a irem
muito além de sua zona de conforto e solicitando muito delas.

*Esse tipo de atitude pode ser facilmente interpretado como se você
fosse um idiota.*

Esse termo não é comumente usado em meios educados. Um
"idiota", segundo o dicionário, é uma pessoa "estúpida ou imbecil",
mas o termo também se refere a pessoas que não sabem se comportar
adequadamente ou, mais especificamente, alguém com mau comportamento. As pessoas razoáveis muitas vezes pensam que um chefe que
está sendo insensato é um chefe *idiota*. Parece que, se seguimos esse
caminho, não há como evitar essa condição.

Ser um idiota é uma faca de dois gumes. Os idiotas causam irrita-
ção e ódio desnecessário às pessoas à sua volta, e se você ficar conhecido como um idiota, as pessoas poderão parar de prestar atenção em
você. Talvez seja melhor evitar esse aspecto. Por outro lado, ser um
idiota pode ter um lado positivo. A idiotice é uma condição bastante
libertadora; dá a liberdade de pedir — não exigir — o que quiser, sabendo que a opinião um tanto ruim a seu respeito normalmente é
aceitável. É importante dizer que esse segundo aspecto só dará certo
se você tiver uma reputação de gerar bons resultados.

É preciso garantir que você não está colocando o carro na frente dos
bois. Se já tiver uma reputação de conquistar vitórias para a empresa,
poderá se sair bem com comportamentos insensatos antes que come-
cem a lhe dar apelidos por aí. Entretanto, se isso não for verdade, e você
assume o comportamento em um esforço para entregar resultados, o
tiro pode sair pela culatra. Talvez acabe mesmo sendo um idiota.

São inúmeros os grandes líderes empresariais que são chamados
de idiotas. Muitos deles aplicam estratégias e táticas insensatas e sobrevivem porque geram bons resultados. A moral da história é: seja
insensato e garanta que terá sucesso. Os idiotas que não alcançam
bons resultados acabam criando culturas de desespero e tendo pro-

blemas graves de rotatividade de pessoal, levando finalmente à falência. Seja como for, aceite sua condição e peça o melhor das pessoas. Garanta que conseguirão ótimos resultados. Quando isso acontecer, eles precisam saber que você sabe. Recompense. Reconheça. Comemore. Faça isso acontecer e toda a sua idiotice desaparecerá.

Não espere comprovação

Quando estiver desenvolvendo algo novo, seja um produto ou serviço, é importante garantir que haverá mercado para ele, por isso faz-se necessário elaborar pesquisas, conduzir estudos e montar grupos de foco. Parafraseando Mikhail Gorbachev, em outro contexto, confie, mas verifique. Isso tudo é ótimo e altamente recomendado, mas chega uma hora em que precisamos simplesmente confiar em nossos instintos.

Especialmente se estamos criando algo genuinamente novo, nunca teremos provas de que funciona. Por quê? Seus clientes potenciais não têm realmente certeza se precisam ou não de sua oferta. Na metade das vezes, não têm nem ideia do que você está falando. Veja o exemplo das máquinas de fax. Não havia interesse por elas antes de serem inventadas. Colocar os documentos no correio parecia ótimo, e realmente havia uma certa razão para isso. Os primeiros adeptos ao fax não tinham com quem trocar mensagens! Ou, então, considere os caixas automáticos. Os primeiros grupos de foco para máquinas desse tipo reagiram de forma violentamente negativa. Tinham certeza de que as máquinas não seriam confiáveis e que os empregados do banco usariam os defeitos nas máquinas como desculpa para encobrir fraudes ou roubos de dinheiro. E o que há de errado com as agências bancárias?

Testar ideias inteiramente novas é arriscado, porque as pessoas não sabem e não podem dizer como se comportarão em relação a algo que não conhecem. Além disso, tende a haver ceticismo geral em relação a novas ideias e, em alguns casos, como os caixas automáticos, elas podem gerar hostilidade. Assim como as pessoas dentro da empresa, as que estão de fora não querem mudar sua forma de comportamento de modo algum, por isso novas ideias podem ser perturbadoras, e se as ideias são novas o suficiente, podem ser até ameaçadoras. A maior parte das pessoas simplesmente não tem imaginação suficiente para inventar algo novo que possa realmente beneficiá-las. Tendo oportunidade de votar, certamente votariam que não.

O mesmo se aplica a um novo modelo de negócios — não um novo produto ou serviço, mas uma nova maneira de oferecê-lo ou distribuí-lo —, ou talvez um novo esquema de preços ou um novo modo de produção. Muitas dessas ideias podem ser elaboradas por escrito, mas até que estejam em plena produção você realmente não tem ideia se serão ou não bem-sucedidas.

Não é natural, mas existem muitas situações em que, por mais que você pesquise, em um determinado momento terá de arriscar. Não existe como confiar em testes de mercado ou qualquer outra forma de comprovação, e não há como ter certeza sobre sua ideia nova. Simplesmente terá de seguir seus instintos e confiar na intuição.

Por falar nisso, o que é intuição? É algo metafísico, psíquico, uma conexão espiritual ou existe uma explicação mais racional? A verdadeira resposta é que pode ser um pouco de cada coisa. A maior parte do que chamamos de intuição é um amálgama de uma grande coleção de dados que absorvemos em um nível não-consciente, informações que estão sendo moldadas e preparadas em nossos cérebros. Não pense que esses dados entram em sua mente por acaso — não são ideias aleatórias reunidas acidentalmente. A parte inconsciente de sua mente vem procurando informações — fragmentos de conversas, trechos lidos no jornal ou ouvidos na tevê, produtos vistos em feiras de negócios ou salões de exposição ou em lojas no varejo — tudo selecionado por seu sistema de ativação reticular como sendo de alguma maneira importante para um de seus muitos fluxos paralelos de ideias. Esses fragmentos não são jogados em um misturador para preparar algum novo coquetel de informações. Em vez disso, sua mente inconsciente está processando, selecionando, classificando, reorganizando, desenvolvendo e filtrando esses dados em algo que, de alguma maneira, faça sentido.

Quando estiver pronto ou for invocado, esse "sentimento intuitivo" será nosso inconsciente falando conosco; às vezes, nos é apresentado em uma linguagem que não compreendemos, por isso parece estranho. Não é como ouvir vozes em nossas mentes, que nos mandam fazer isso ou aquilo. A comunicação intuitiva é mais sutil do que isso, mais do tipo: "Construa. Os clientes virão", e é por isso que devemos confiar em nossos instintos. Talvez precisemos apenas ter fé em nós mesmos. Confiar em nossos instintos é como dizer a si mesmo "Acho que entendo; pode continuar, por favor", e aceitar o que quer que estiver sendo dito como verdade.

Sim, é totalmente insensato. Fomos criados para tomar decisões com base em dados observáveis e passíveis de comprovação, e não em uma voz interna que não compreendemos bem. Entretanto, assim que percebemos, especialmente no caso de novas ideias, que os fatos nem sempre são suficientes, talvez passemos a acreditar que nosso processador interno, nossa intuição, poderá resolver o problema.

Reduza pela metade seu cronograma

O grande não ganhará mais do pequeno. O rápido ganhará do lento.

— Rupert Murdoch

Quando estiver planejando um projeto, parece razoável ser flexível em seu planejamento. É preciso ter certeza de que conseguirá cumprir o prazo, especialmente se trabalhar em uma cultura que pune o fracasso. Para não contradizer tudo que já foi dito sobre responsabilidade e compromisso, sua meta é executar e alcançar os melhores resultados da forma mais eficiente, eficaz e produtiva possível, às vezes com certo atraso.

Eis o que acontece. É preciso garantir o cumprimento dos prazos, por isso pegue o cronograma original (que por sua vez já foi flexibilizado por quem quer que tenha incluído os passos elementares) e aumente o prazo. Chame de seguro contra emergências. Quanto tiver terminado de preencher cada etapa, incorporando o fator inesperado, o resultado esperado avançou semanas ou até meses em seu calendário. Dessa forma, você não ficará atrasado e, se tiver o bom desempenho que espera ter, acabará parecendo um herói. Jogadores de pôquer e vendedores chamam isso de blefe e significa aguentar as pontas parecendo que é mais forte do que realmente é. No mundo da política corporativa, o blefe provavelmente é uma boa ideia. Mas se a sua meta é obter avanços e resultados extraordinários, não aja assim.

Não discuta as avaliações das pessoas sobre o tempo necessário para suas partes. Aceite todas as informações e trace um plano de jogo como normalmente faria. Inclua todo tipo de possibilidade no plano e acrescente um passo final.

Corte o cronograma pela metade.

Depois que você cortar seus cronogramas pela metade, todos ficarão em alerta vermelho. As pessoas envolvidas serão forçadas a parar de enrolar e ir direto aos resultados. Além disso, a energia envolvida gerará um resultado final melhor.

Use a Lei de Parkinson

C. Northcote Parkinson cunhou a famosa lei com base em sua longa experiência no burocrático serviço público britânico. Parkinson observou que, à medida que o Império Britânico decaía em tama-

EXECUÇÃO *INSENSATA*   **215**

nho e importância, havia menos trabalho para ser feito. No entanto, o número de funcionários continuava constante e, em alguns casos, aumentara, e eles estavam mais ocupados do que nunca. Ele transformou essas observações na Lei de Parkinson:

> *O trabalho aumenta a fim de preencher o tempo*
> *disponível para sua conclusão.*

Não precisamos explicar a Lei de Parkinson; é uma verdade tão absoluta nos negócios quanto a gravidade é na Terra. Pessoas em todos os níveis incluem atividades paralelas em seu trabalho — e se acostumam com isso. Não são apenas os prazos que se expandem, mas o uso dos recursos também. Parkinson também disse: "A demanda por determinado recurso sempre expandirá para atender à sua oferta." O autor Brian Tracy coloca de forma diferente: "As despesas aumentam para atender à renda."

Porque inevitável não significa que é necessário. Quando você consegue cortar os prazos e a necessidade de recursos, todo mundo encontra um jeito de fazer mais com menos. As pessoas serão forçadas a trabalhar de forma mais eficiente. A engenhosidade necessária gerará soluções mais sólidas. A criatividade será estimulada.

Não só tudo será feito de forma mais rápida e barata, mas será melhor. Em seguida, como dizem no ramo dos xampus, enxágue e repita. Reduza o tempo de ciclo e dobre o número de ciclos. Se conseguir fazer o trabalho em metade do tempo, dobre o número de ciclos. Tudo acontecerá de forma mais rápida. Um benefício adicional é que as pessoas tendem a gostar mais de si mesmas quando estão envolvidas em atividades vigorosas do que quando estão totalmente indolentes. Aplique esse tipo de pensamento a todas as formas de blefe. Aceite a afirmação de sua equipe de que os prazos estipulados são válidos e depois peça de forma insensata que os membros da equipe reduzam os prazos.

Acerte

É na correção e na verdade das ações propriamente ditas que reunimos forças para fazer o que precisa ser feito.

— Thomas Merton

Sempre que pensamos em execução, existem maneiras certas e erradas de conduzi-la. A maneira certa está de acordo com sua visão e com seus valores, e em geral leva a lucros e riquezas a longo prazo. A maneira errada, em geral, fere as normas e sacrifica seus princípios, mas tem o benefício de gerar resultados de curto prazo. Os problemas desse comportamento são muitos, mas o maior deles é que, embora os lucros de curto prazo sejam a meta, seguir o caminho errado nem sempre trará os resultados esperados.

Apesar do que deveria estar claro para todos, seguir o caminho errado, o expediente, é bem popular. As pessoas normalmente explicam seus princípios e justificam os métodos empregados para ganhar no curto prazo. A maneira errada é também a mais fácil. A mais rápida. A mais barata. Paradoxalmente, quando visto sob essa ótica, o errado parece razoável. Evidentemente, você nunca diria que é "errado", mas é exatamente isso: errado. O mau comportamento se tornou não só aceitável, mas institucionalizado. Observe alguns recentes e espetaculares fracassos corporativos, como os casos da Enron, WorldCom, Tyco, Global Crossing e Barings Bank. Por mais sólidas que essas empresas tenham sido ou não, foram derrubadas por uma cultura de fazer as coisas do modo útil, visando o curto prazo, da maneira errada — ao custo de dezenas de bilhões de dólares de valor aos acionistas.

Por outro lado, seguir o caminho certo tornou-se insensato. Muitas vezes, é um processo muito mais lento e mais caro, com um prazo maior até alcançar a recompensa. "Faça da maneira certa. Não da maneira rápida e fácil. Isso é insensatez." Tim Carter, o guru do vídeo na internet e proprietário da AsktheBuilder.com é um defensor de fazer as coisas da maneira certa. Quer seja no contexto de reparar uma torneira pingando, asfaltar a rua ou construir um negócio muito bem-sucedido, Carter segue o caminho que leva a resultados estáveis e de longo prazo. Quais são as recompensas? "Tremenda satisfação pessoal juntamente com grande retorno financeiro. Minha renda é 20 vezes a de um contratado, talvez mais."

Por que isso funciona? Carter explica da seguinte maneira: "A situação é esta. Tudo que eu ou você compramos — todos somos consumidores de alguma coisa, seja alimento, ferramentas ou gasolina —, quando pensamos sobre nossa experiência enquanto usuários — como funciona e a forma como o fazemos funcionar —, todos esses produtos precisam ser exatamente como nos disseram que seriam. Tanto antes quanto depois da venda."

Se queremos consumidores satisfeitos, simplesmente precisamos atender às suas expectativas. Em outras palavras, faça a coisa certa e entregue o que foi prometido, por mais difícil que seja. Quando você fizer isso, os consumidores não somente ficarão satisfeitos como também se tornarão fiéis. Uma grande porcentagem de quem assiste e visita as páginas de Tim Carter na internet são clientes fiéis, porque ele faz promessas claras dizendo o que esperar das pessoas e depois cumpre essas promessas.

As pessoas pegam atalhos para obter lucro fácil, vencendo a batalha, mas muitas vezes perdendo a guerra. As empresas que seguem esses atalhos não são apreciadas pelos consumidores. Os concorrentes da AskTheBuilder escolhem o caminho fácil. Raramente dizem a verdade sobre determinado produto e enganam os leitores para defender o artigo e ganhar comissões ou taxas por indicações. Carter contou sobre um anúncio de caldeiras de calefação à base de milho que prometia aquecer sua casa com sabugos de milho seco. O preço? A bagatela de US$ 5 mil, que poderiam ser economizados nos custos de calefação em apenas um inverno. Será? A maioria simplesmente publica o comunicado: o lado prático. A maneira errada de trabalhar. Mas não é verdade e há muitas perguntas sem resposta. Como vai funcionar? Como o calor será distribuído para aquecer a casa inteira? Será que o forno precisará ser instalado ou integrado com o sistema atual, e qual será o custo? Esta é a verdade, e AskTheBuilder faz estas perguntas. Isso certamente exigirá da empresa o pagamento de taxas pelo endosso de produtos, mas certamente criará fidelidade entre os clientes a longo prazo. Essa é a maneira difícil, porém certa. Seguir insensatamente a verdade nua e crua deu a Carter e à sua marca AskTheBuilder uma multidão de fãs. Pode não ser a maneira mais rápida de vencer, mas fazer a coisa certa sempre dará lucros maiores a longo prazo. De forma inteiramente insensata.

Meça tudo

A execução no mais alto nível de desempenho requer uma base e uma referência contínua para que seja possível saber sua posição a qualquer momento. De que outra maneira você saberá que botão pressionar ou que alavanca girar?

Meça tudo e mantenha os registros e as estatísticas de desempenho para que possa facilmente identificar se determinado plano ou programa está funcionando conforme esperado. Algumas coisas são facilmente mensuráveis, como receitas, número de empregados ou capacidade disponível. Mesmo o que não é diretamente mensurável, como satisfação do cliente ou consciência de mercado, pode ser medido por substituição, e é possível acompanhar o processo.

Será que é insensato medir tudo? Não, é uma das coisas mais racionais a serem feitas. Medir, controlar, registrar, testar. Manter deltas e desvios padrão e descobrir o que é normal e aceitável. Em seguida, verificar se você está se aproximando das suas metas ou não está saindo do lugar. É incrível o que conseguimos revelar quando começamos a manter esse controle. Torna a decisão de manter ou abandonar muito mais fácil.

Não há como fazer uma lista de tudo que determinada empresa deve controlar, porque cada caso é um caso específico, mas existe uma maneira de descobrir. Faça uma lista de todos os elementos críticos do seu negócio e crie um modo de medir ou controlar cada uma. Em seguida, faça uma lista de todos os programas de melhorias ou mudanças críticas já estabelecidos e crie uma maneira de medi-los e controlá-los. Acrescente medidas para acompanhar o fluxo de caixa, as vendas, os lucros, as despesas e todas as demais obrigações, e terá um grupo sólido de controle com o qual poderá administrar sua empresa. Pode parecer um tanto insensato — afinal de contas, quantas medidas são necessárias? A resposta está na lista que acaba de ser criada: você precisa de tantos medidores quanto forem os elementos importantes na sua empresa — nada menos vai resolver. A não ser, é claro, que você esteja disposto a aceitar desempenho abaixo da média.

Afinal de contas, você dirigiria um carro sem saber a velocidade em que dirige ou quanto de gasolina tem no tanque? Provavelmente não. Você provavelmente iria querer saber também quantos pneus estão calibrados ou não e aproximadamente quanto óleo está disponível na caixa do motor, não é? Mas está disposto a dirigir seu negócio, que é muito, muito mais valioso, sem informações tão preciosas.

Assumir o controle sobre esses dados de desempenho tornará sua empresa ágil. Permitirá que você veja, instantaneamente, que partes do negócio estão funcionando e que partes não estão. Permitirá que você faça mudanças táticas sem que se sinta desconfortável, porque suas decisões serão apoiadas por uma leitura rápida do seu painel de medidas. Fique de olho na sua meta e meça o desempenho e o progresso mantendo o foco nas medidas. Faça mudanças conforme forem necessárias e no ritmo que for necessário para ter o maior proveito possível do seu negócio.

Medidas motivam

No meio militar, dizem: "O que é medido, é feito." Pode parecer paradoxal, porque as pessoas evitam assumir responsabilidade em tudo. Ainda assim, Frederick Taylor provou isso há 100 anos: apenas medindo as coisas, elas mudam. Isso acontece em todos os níveis de uma organização, de cima a baixo. É verdade até em nível quântico, o nível mais fundamental da matéria. Em física quântica, foi provado que o próprio ato de observar (ou medir) algum objeto faz com que esse objeto mude. No mundo das estratégias e táticas, esse princípio se transforma em uma ferramenta que pode ser usada com grande alavancagem.

Apesar dos protestos em contrário e do alvoroço criado sempre que tentamos controlar e conseguir comprometimento, as pessoas aprenderam a responder e a gostar de metas claras. Quanto mais claras, melhor. O acrônimo em inglês SMART (eSpecífico, Mensurável, Alcançável, Relevante e Temporal) foi desenvolvido como uma lista dos elementos que tornam uma meta eficaz. Dê a alguém uma meta SMART, juntamente com acesso aos recursos necessários, e é mais provável que ele a alcance do que se receber instruções vagas ou não específicas.

Além disso, as metas não só ajudam as pessoas a vencer, mas apontam claramente o caminho para o sucesso, e ajudam também as pessoas a *se sentirem* vitoriosas. Por que, então, o executivo médio evita definir metas SMART? O que causa esse paradoxo? O paradoxo advém do medo do fracasso. As pessoas razoáveis temem não conseguir alcançar suas metas, especialmente se forem metas agressivas que as tirem de sua zona de conforto. Elas sabem que existe um risco quando não cumprem determinado prazo, ou quando não alcançam determinada medida, ou qualquer outra coisa — e consideram o fracasso uma perda. É sensato evitar o fracasso, não é?

Não, não é. Evitar o fracasso — ou mesmo evitar situações que na sua opinião serão difíceis de vencer, pelo menos no início — tem uma consequência inevitável, que é o estabelecimento de metas de crescimento inadequadas, desinteressantes, fáceis de alcançar e baixas para si e para o seu negócio, e isso leva a um crescimento inadequado, desinteressante e baixo.

Líderes insensatos definem metas grandiosas — ou, segundo Jim Colins, *metas grandes, audaciosas e cabeludas*. Eles sabem que metas SMART audaciosas impulsionam qualquer organização e que mesmo quando não as alcançam as empresas com metas grandiosas em geral progridem mais do que teriam sem essas metas. Lembre-se do aforismo que diz *"Mire nas estrelas e acerte a copa das árvores"*. Os líderes insensatos deixam que todos saibam que não atingir determinada meta não é necessariamente um fracasso, desde que um progresso significativo seja alcançado. Fracassar significa não fazer progresso algum. O fracasso é não agir. O próprio ato de medir e estabelecer metas SMART para cada parte significativa do negócio pode parecer insensato, mas pode ser a coisa mais inteligente a fazer.

Eficiência *versus* eficácia

As pessoas estão sempre tentando ser eficientes. Os insensatos tentam ser eficientes e eficazes. Qual é a diferença? Eficiência significa fazer as coisas de forma mais rápida, com o mínimo de desperdício ou despesas e pouco esforço ou nenhum esforço desnecessário, enquanto eficácia envolve sempre fazer as coisas bem feitas. Eficácia significa obter a resposta esperada das suas ações. As duas são importantes, e não devemos ter que escolher entre uma e outra. Mas fazer as coisas mais rápido nem sempre é melhor, e minimizar o desperdício, como já foi mencionado, não é nosso principal foco. As empresas insensatas estão sempre buscando gerar determinado resultado. Elas medem os resultados de suas ações e procuram alcançar suas metas tornando-se mais eficazes. Em geral, se tornar mais eficaz significa abandonar um enfoque em favor de outro que alcance o resultado não só de forma mais rápida, mas melhor.

A eficiência é fundamental, e a flexibilidade é chave. Ideias fixas acabarão com sua empresa tanto quanto os seus concorrentes e mercados em rápida mudança, caso você não esteja disposto a se adaptar continuamente. A tática escolhida é essencial, assim como sua disposição em mudá-la quando chegar a hora certa.

Lembre-se de von Moltke e de seu famoso plano de batalha. Não se trata de criar um plano e acompanhar sua realização até o fim. Isso seria bom, mas não vai acontecer neste mundo. Tudo muda. Escolha seu plano e entre em ação.

Isso é ainda mais válido hoje do que há 150 anos. No século XXI, a principal função de um líder empresarial é permanecer alerta e responder rapidamente a cada nova circunstância ameaçadora. O planejamento anual não é mais suficiente, e sua organização inicial de recursos e escolha de tática nunca o levarão até o fim.

Para administrar a incerteza é preciso estar disposto a descartar seus preparativos cuidadosamente elaborados de uma hora para outra e tomar novas decisões. Embora os objetivos estratégicos da sua empresa possam não variar muito, a escolha da tática deve permanecer fluida. Você precisa ser completamente insensato para vencer no ambiente caótico e incerto da atualidade.

Os líderes insensatos percebem que não podem eliminar a incerteza. Sabem que suas estratégias não eliminarão a mudança e até mesmo a confusão constante; sua meta é estar preparado para o fato de que todos os seus preparativos podem falhar e administrar o caos da melhor maneira possível. Parece um tanto dramático; pensar que seu negócio principal está envolto em brumas de guerra pode parecer exagero, mas o conceito é fundamental para o sucesso de longo prazo. As pessoas sensatas criam a cena e a deixam acontecer, e, à medida que o ambiente muda, suas respostas intuitivas baseiam-se em pressuposições. Entretanto, o mundo atual em constante mudança em geral os colocará diante de situações que nada terão de estáveis. O melhor a fazer é reunir o máximo de informação possível, da forma mais rápida possível, e permanecer flexível. Criar planos de longo prazo e elaborar os detalhes do futuro é praticamente impossível, e os líderes insensatos não tentam fazê-lo. Em vez disso, eles agem, medem e testam continuamente suas ações, fazendo muitos ajustes.

Saiba o que você não sabe

A maior parte das pessoas presume que sabe mais do que realmente sabe. É da natureza humana. No entanto, acreditar que você sabe alguma coisa quando na verdade não sabe é perigoso. Você tomará decisões ruins, implementará táticas erradas e — sem um retorno apropriado sobre seu desempenho — seguirá essas táticas até a completa ruína.

Os líderes insensatos abraçam sua própria ignorância. Não sabemos o que não sabemos, ainda assim, paradoxalmente, nossa função é descobri-lo. Permanecer com a mente aberta é um começo, mas é preciso ir além, fazendo perguntas voltadas para entender um campo em rápida mudança quando não temos nem certeza da parte que está mudando. Ter um sólido conjunto de indicadores como aqueles descritos anteriormente ajudará. Procure discrepâncias, como mudanças que estejam fora das normas ou instruções que se contradizem. E sempre *imagine o motivo*. Donos de empresas sensatos relaxam e confiam em sua experiência, explicando o mundo com base nesse conhecimento. Empresários insensatos estão dispostos a imaginar por que algo aconteceu e, em seguida, conceber uma alternativa ou respostas descontínuas.

Nunca fique preso aos seus primeiros atos.

Pare de procurar causas e faça alguma coisa, qualquer coisa

Amelia é consultora de vendas. Ela é realmente profissional, mas estava tendo dificuldades em encontrar novos clientes potenciais interessados em seus produtos. Eu perguntei o que ela estava fazendo para encontrar novos interessados. Surpreendentemente (ou talvez nem tanto), ela não estava fazendo muita coisa.

Sua abordagem padrão para encontrar novos negócios era por indicação. Essa é uma estratégia excelente para conquistar novos clientes, e muitos vendedores se valem dela. Entretanto, se esse for seu único método, poderá ser imprevisível demais para ser a única fonte de negócios.

Perguntei a Amelia se ela sabia como seus concorrentes encontravam clientes. Ela realmente não tinha certeza (a maioria dos empresários não faz ideia do que seus concorrentes *realmente* fazem). Principalmente por meio de palestras, ela pensou. E, é claro, maladireta e a internet. Respostas genéricas, mas provavelmente certeiras. Imaginei por que ela também não fazia apresentações. Será que tinha medo? Ela me disse que não, que não tinha problemas em falar em público; pois já havia feito palestras no passado e conquistado vários membros da plateia como seus clientes. A pergunta óbvia veio em seguida: por que parara?

Ela admitiu que não havia um motivo certo. Talvez fosse por inércia. Talvez não quisesse viajar. Talvez não soubesse onde agendar os encontros. Talvez, talvez, talvez... Ela sabia que falar para o público poderia resolver o problema da nova empresa; tinha funcionado no passado, e iria funcionar em outras áreas. Só que ela não fazia nada. Amelia queria minha ajuda para descobrir por que ela não estava fazendo o que "sabia" ser certo. Ela estava disposta a me pagar pelos meus serviços.

Considerando as crenças da nossa sociedade, o desejo de Amelia por introspecção parecia sensato e adequado. Sempre nos disseram que, se conseguirmos chegar à real causa do que nos aflige poderemos eliminar essa causa e navegar calmamente em direção à nossa meta. Existe até uma disciplina inteira voltada para esse tipo de pensamento. Não é à toa que se chama *análise de causa raiz* no jargão administrativo. A ideia é que, se tiver uma situação indesejada que consuma tempo e energia, e se acontecer de forma repetida, talvez seja uma boa ideia descobrir o que realmente está causando a situação para que não se repita. Em outras palavras, investigar a fundo a situação para descobrir a verdadeira causa do problema, em vez de simplesmente continuar a tratar dos sintomas.

O mito da causa raiz

O conceito de causa raiz baseia-se no princípio de que as causas são lineares — que um elemento segue o outro, que por trás de cada problema existe alguma outra situação que o está causando e que as pessoas estão preparadas para descobrir o que é. Isso é bastante sensato, e poderia dar a impressão que, se investigarmos suficientemente bem, poderemos chegar ao âmago da questão, corrigi-la e, *voilà*, problema resolvido.

A verdade é que o mundo em que vivemos é caótico — o que significa que coisas simples sutis e muitas vezes imperceptíveis podem acarretar grandes mudanças em outros elementos aparentemente não-relacionados, a anos-luz de distância. Isso é chamado de Efeito Borboleta, que se baseia em uma metáfora fantástica atribuída a um zoólogo australiano chamado Konrad Lorenz. Lorenz, em determinado momento, disse que uma borboleta que bate suas asas no Brasil pode deflagrar um furacão no Texas. Os teóricos do caos, com a autoconfiança característica que lhes é peculiar, chamam isso de "sensível dependência das condições iniciais".

226   Seja insensato

Um outro fator complicador é que em muitas situações, talvez na maioria delas, a causa não é linear. Não existe necessariamente um fator que causa o outro, que, por sua vez, causa outro; em vez disso, existem muitas vezes causas diversas ou sobrepostas que influenciam umas as outras e conspiram para gerar o resultado final. Em quase qualquer situação empresarial que mereça consideração, a complexidade aumenta ao ponto em que é impossível entender, e a ignorância é inevitável.

Evidentemente, em vez de admitir a ignorância, buscamos um candidato causal provável, o chamamos de causa raiz, e declaramos nossa vitória. Até a próxima vez em que o problema aparecer e estivermos novamente em busca frenética pela causa raiz. Muito sensato, realmente.

Dispense a psicologia

Nas pessoas, o mito de que sempre existe uma causa raiz tem suas origens na psicologia freudiana e todos os seus derivados. A ideia de que as ações desviantes das pessoas podem ser explicadas por alguma relação sexual fracassada ou por alguma experiência traumática passada nos faz acreditar que, se conseguirmos descobrir como chegamos a essa situação, poderemos corrigir o problema e ele nunca mais retornará.

No entanto, é como sugerir que a verdadeira razão pela qual as pessoas não vendem é por que *temem a rejeição*, ou afirmar que o verdadeiro motivo pelo qual um brilhante gerente de produtos continua dizendo asneiras que põem a perder belos negócios é que ele *tem medo do sucesso*. O antropólogo Gregory Bateson chamou fenômenos como o "medo do sucesso" de *princípio explicativo*. É um rótulo que nos permite fazer referência a algo, mas que não explica nada e não nos dá oportunidade de agir com eficácia. O fator explicativo de Freud (a causa raiz) não explica nada. Esse enfoque não funciona.

Pode parecer insensato descartar a psicologia, mas às vezes é exatamente isso o que você precisa fazer. Saber mais sobre os motivos pelos quais somos como somos raramente nos leva a agir e não garante que ficaremos mais inclinados a seguir em uma direção mais produtiva. Werner Erhardt disse bem: "O entendimento é o prêmio de consolação."

Embora superficialmente possa parecer difícil argumentar contra a ideia de "encontrar a verdadeira causa", esse enfoque é mais adequado para resolver problemas concretos, como pneus de bicicleta que estão sempre furados ou defeitos de qualidade em máquinas industriais complexas, do que para descobrir por que Johnnie não consegue ler ou, nesse caso, por que Amelia não consegue vender. A análise de causa raiz não é tão útil assim quando consideramos o desempenho em seres humanos, e certamente não é útil para alcançarmos algum resultado.

Por outro lado, a análise de causa raiz — ou qualquer tipo de introspecção excessiva — é uma maneira excelente de evitar a ação. As pessoas tendem a usar a busca por causas como uma forma de se manterem ocupadas. Convencem-se de que realmente estão fazendo algo de válido quando, na verdade, o que estão fazendo é chover no molhado. Toda essa atividade não resulta em nada.

Voltando ao caso de Amelia. Eu não a consolaria. Não seria educado e fingiria que o que eu estava fazendo iria ajudá-la. Ela pensou que eu estava sendo insensato (e estava) porque, em vez de procurar as causas, eu pedi a ela que parasse de procurar. Se ela sabia que falar para grupos de clientes potenciais poderia abrir novas perspectivas de negócios e trazer a ela (e à empresa) mais dinheiro, eu queria saber o que ela poderia fazer para entrar em ação e quando seria. Coisas tangíveis.

Um dia eu a tirei da letargia. Amelia aceitou o desafio. Ela teve várias ideias, inclusive a respeito de uma nova palestra que faria e as empresas que visitaria como potenciais clientes. Usamos suas ideias e criamos um plano de jogo; fizemos medições, cronogramas e definimos responsabilidades claras para cada aspecto do plano. Ela entrou em nosso sistema de acompanhamento.

Agora ela tem um plano com ações específicas com as quais está comprometida. Amelia está agindo com base no plano e agendando suas apresentações. Será que vai dar certo? Ainda é cedo demais para dizer, mas os primeiros sinais indicam que ela está fazendo contato com um número muito maior de pessoas do que o modelo por indicação pessoal. Ela está fazendo palestras e recebendo novos clientes. O grande lance é que Amelia aumentou suas chances de sucesso. E muito. E é o melhor que ela pode fazer. Na verdade, é tudo que você pode fazer.

A análise de causa raiz tem sua função, especialmente em organizações grandes e complexas, em ambientes de engenharia e situações de fabricação. Se você for alguém com um longo histórico de erros que se repetem, provavelmente deve procurar esse tipo de psicoterapia. No entanto, se verificar que está perdendo muito tempo tentando descobrir o que se passa, pare.

Você só vai se magoar. Sua mente vagará em círculos e pode nunca encontrar a resposta adequada. Se não estiver produzindo muito e suspeitar que está em um ciclo de ruminação praticamente interminável, eis uma boa solução.

Faça algo — qualquer coisa

Em vez de tentar descobrir por que a situação está do jeito que está, aja. É claro que você gostaria que suas ações fossem as mais eficazes possíveis, mas, para começar, vale praticamente qualquer ação. O pessoal da Nike bolou a frase *"just do it"*, que resume toda nossa filosofia. Pare de pensar por que determinada situação não está certa e faça alguma coisa para mudá-la.

Com frequência, sabemos o que fazer, mas não sabemos disso porque achamos que o que temos não é suficiente ou que pode haver uma outra maneira melhor.

As pessoas ficam presas tentando ter a ideia perfeita e criar a solução perfeita. Em vez de agir, em vez de colocar a ideia em prática, acabam fazendo pequenos e insignificantes ajustes. Querem melhorar pouco a pouco. Estão sempre na faina de polir. Algum dia talvez decidam fazer sua estreia; sua grande ideia ou solução estará pronta para a grande apresentação. (Não fique nervoso.)

O perfeccionismo acaba com as oportunidades de mercado. Ninguém melhor do que Bill Gates sabe que isso é verdade. O que você acha que significam todas essas versões do Microsoft Windows com números e nomes diferentes que já foram lançadas até hoje? Significam que Gates não é um perfeccionista, mas um realista. A Microsoft tem algumas das melhores mentes disponíveis em programação de software do mundo. Trabalha até chegar a algo que seja suficientemente bom para o mercado, e depois a empresa lança o produto criado, mesmo com seus defeitos.

Da última vez que verifiquei, Bill Gates valia US$ 80 bilhões — mais do que qualquer outra pessoa no planeta. Ele não fica em eterna ruminação. Ele não tem o hábito de polir, polir e polir até gerar uma obra de arte. Seu produto é lançado no mercado para gerar dinheiro.

Toda a indústria de software é administrada dessa maneira, e embora muitas pessoas reclamem dos defeitos que o software apresenta, a maioria prefere ter o novo produto com os problemas do que a versão anterior sem eles. Pelo menos é isso que as vendas de software parecem indicar.

Vários anos atrás eu conduzi um pequeno estudo que perguntava aos compradores de softwares corporativos se eles, caso tivessem que escolher, prefeririam ter um produto perfeito, completo em todos os recursos apresentados, mas entregue fora do prazo (talvez com grande atraso) ou um produto menos completo mas que pudesse fazer o serviço sendo entregue dentro do prazo. Os entrevistados foram todos favoráveis a ter em mãos um produto que desse conta do recado do que esperar para ter outro mais completo.

Excelência ou perfeição

Um bom plano executado de modo truculento agora é melhor do que um plano perfeito na semana que vem.

— General George S. Patton

A sabedoria convencional nos negócios sugere que nossos processos e produtos devem ser completos em todos os aspectos e sem defeitos. Em outras palavras, achamos que tudo que fazemos deve ser perfeito. Pessoas insensatas têm uma ideia muito mais produtiva. Comparam essa ideia de perfeição sem defeitos com a ideia de fazer algo que seja da mais alta qualidade ou superior. Em outras palavras, as pessoas insensatas buscam a excelência.

Perfeito é quando todos os detalhes estão adequados, tudo se encaixa e todos os aspectos são exatamente conforme deveriam ser. A excelência surge quando o trabalho é concluído de forma superior. Os líderes empresariais convencionais buscam a perfeição; os líderes insensatos buscam a excelência.

A perfeição exige tempo, enquanto a excelência é um estado mental que pode ser alcançado bem rapidamente. Dizem que o demônio está nos detalhes e, em geral, isso significa que os detalhes são a parte mais difícil de qualquer projeto e exigem mais tempo de execução. O caminho insensato para o sucesso questiona as suposições essenciais sobre que detalhes são realmente importantes e pergunta se você sequer os conhece. Embora a perfeição possa ser uma meta válida, nem sempre aparece no produto final.

A lei dos rendimentos decrescentes, originalmente aplicada à economia por Thomas Malthus, nos diz que acrescentar mais detalhes nem sempre pode corresponder a um aumento mensurável em valor ou utilidade. É preciso questionar até que ponto o barbeador Fusion de cinco lâminas da Gillette é melhor. O fato de ter cinco lâminas realmente o torna melhor? Será que ele é muito melhor do que a versão de quatro lâminas, ou a de três lâminas? Pode não ser justo examinar exemplos de produtos que são sucessos de marketing, mas o perfeccionismo tende a nos fazer sempre querer *mais*, quando o que realmente precisamos são produtos (ou processos) que funcionem bem.

Os perfeccionistas desperdiçam grande quantidade de tempo e dinheiro tentando conseguir as ideias certas, seja a ideia voltada para um produto, um processo, um livro ou um novo jogo de bola. Estão sempre tentando descobrir se algo pode ser feito melhor do que já é, em vez de perguntar se o que possuem poderá fazer o trabalho. Alguns autores podem ficar horas trabalhando as palavras de uma única frase, enquanto o escritor de livros de mistério Elmore Leonard escreve um novo romance do início ao fim em 30 dias. Por mais insensato que pareça, Leonard é um dos mais produtivos e bem pagos escritores da atualidade, e há anos. Os leitores gostam de seus produtos da forma como é — eles recebem exatamente o que pediram e em grande quantidade. O cineasta Terrence Malick dirigiu somente quatro longas-metragens em sua carreira de mais de 30 anos, e embora seja considerado um grande artista, não arrecadou muito dinheiro para os estúdios de cinema. Compare sua situação com a de Ridley Scott, que criou 18 filmes e ganhou fortunas para si e seus patrocinadores.

Muitos profissionais de marketing trabalham incessantemente para aprontar uma correspondência de mala-direta, mudando o título, o parágrafo introdutório, os marcadores ou a oferta. No entanto, nunca se preocupam em descobrir se alguém comprará o produto, algo que poderiam fazer facilmente colocando selos em algumas cópias da carta e mandando-as pelo correio.

O que você acha que funciona melhor? Tentar encontrar a resposta nos confins do seu escritório ou mandar a carta para alguns clientes potenciais e observar se vão ou não comprar o produto? Claro que a última opção, mas mesmo assim muitos donos de empresas acham que é razoável gastar horas a fio para acertar os mínimos detalhes. Os profissionais de marketing bem-sucedidos apostam tudo na peça publicitária e a testam, enviando algumas pelo correio e acompanhando os resultados.

O que funciona é levar sua criação até o ponto em que parece que funcionará bem, e testá-la no mercado. Ninguém se importa se o seu discurso está perfeito; todos querem ouvir a mensagem. Embora algumas pessoas certamente condenem o uso inadequado das palavras ou o emprego incorreto de um modificador, outras mal percebem a diferença. Embora algumas pessoas reclamem dos defeitos no software ou de um defeito em seu produto, outras — se funcionar de maneira superior conforme anunciado — realmente nem se importarão.

Existe outro aspecto envolvido na questão da perfeição, que é o fato de que muitas de suas preocupações de negócios (pelo menos as significativas) são complicadas demais para serem perfeitas. Lembre-se da questão da complexidade que discutimos anteriormente neste capítulo? Há um número grande demais de interações e componentes individuais para que você saiba com qualquer grau de confiança que pequenas partes farão a maior diferença. Isso significa que o melhor que se pode fazer é empenhar-se para fazê-lo funcionar, o que quer que seja e, em seguida, testá-lo no mundo real. O que o cliente vai dizer?

Quer estejamos falando sobre um produto, um processo, um discurso, uma carta, um livro, um novo projeto para alguma rebimboca ou parafuseta, em vez de nos concentrarmos em alcançar a perfeição, simplesmente devemos tentar deixá-lo pronto. É preciso mostrar o produto ao mundo e deixar que o mercado continue o processo. Se funcionar e atender aos seus padrões de excelência, você conseguiu e economizou muito tempo. Se a sua criação não atingir a meta desejada, ajuste as imperfeições e lance-a de novo. O público ficará mais do que satisfeito de informar o que deseja receber, se tiver essa chance.

O truque é agir. Você tem alguma ideia? Ótimo. Prepare a Versão 1.0 e a lance no mercado. Você vai saber o que funciona e o que não funciona nela. E a Versão 2.0 será melhor.

Seja insensato: pare de procurar as causas, não se preocupe com as explicações ou com os motivos pelos quais o que quer que esteja errado está errado. Simplesmente conserte. Ocupe-se. Comece a produzir, mesmo se o que você produzir não for perfeito. Você sempre poderá consertá-lo depois, e o seu pessoal — quem quer que seja — estará disposto a ajudar.

De jeito nenhum

Nenhum capítulo sobre execução poderia estar completo sem uma seção sobre o que não fazer. Ser insensato significa que você vai fazer coisas diferentes da maneira que normalmente são feitas; eis uma lista dos comportamentos comuns que devemos evitar.

- Não fique fora do curso por mais de um ciclo. Sair do curso é inevitável. Mantenha reuniões regulares e frequentes para avaliar o *status* do projeto. O tempo entre as reuniões é de um ciclo. Desenvolva a disposição de fechar quaisquer pendências dentro do próximo ciclo.
- Não repreenda sua equipe por sair do curso. Trabalhe no sentido de desenvolver soluções que a coloque de volta nos trilhos.
- Não fique paralisado. Mesmo artistas famosos perdem o ímpeto e ficam sem saber o que fazer. Só não ficam parados por muito tempo. Os perdedores consideram essa condição um problema, enquanto os vencedores a consideram uma condição passageira. A diferença entre o sucesso e o fracasso é conseguir voltar à ação rapidamente.
- Não puna ninguém em público. Melhor ainda, nunca puna ninguém. Certifique-se de que todos os membros da sua equipe entendam o que está em jogo, estejam preocupados

234 SEJA INSENSATO

com o resultado final e se considerem parte da solução. Se alguém não se sentir assim, tire a pessoa da equipe. Com certeza, essa pessoa também não estará satisfeita com você.

- Não atrase seu prazo de entrega para garantir a vitória. Elimine a "margem de segurança". Essas não são situações de vida ou morte, e segurança realmente envolve cobrir sua retaguarda. Em vez disso, estime seus requisitos gerais com base nas melhores informações disponíveis e faça o possível para atendê-los.
- Não se distraia. Sua equipe — seja a empresa inteira ou um pequeno grupo de trabalho — tem uma missão a cumprir. Garanta que todo o empenho dos membros da equipe seja dedicado a realizar essa missão. Quando interrupções e distrações crônicas aparecerem pelo caminho, pare para ver se realmente fazem parte da sua missão. Se fizerem, inclua-as no seu plano de execução. Se não fizerem, faça o que for preciso para parar de responder a elas.
- Não espere uma solução completa. É importante compreender o caminho completo da execução para saber que pode "chegar lá". Isso não significa que você precisa conhecer todos os detalhes das fases subsequentes da solução antes de trabalhar na fase atual.

Dwight trabalhava com uma equipe de desenvolvimento de software com os principais especialistas de sua empresa. A equipe estava em um projeto urgente para criar a próxima versão do software da empresa. Depois de perder vários prazos seguidos, a empresa tinha feito algumas promessas muito significativas para a base de clientes, e seu futuro dependia da entrega no prazo certo. Houve muitos problemas técnicos a serem superados, mas a equipe os resolveu um atrás do outro. Só não conseguia lidar com as constantes interrupções do Grupo de Suporte e Atendimento. Como os membros da equipe de desenvolvimento eram os especialistas, o pessoal de suporte buscava ajuda sempre que aparecia um problema mais grave com o cliente. Isso atrapalhava o avanço dos gerentes de desenvolvimento, e o projeto estava em perigo. As interrupções crônicas na verdade eram uma resposta à grande base de serviço da empresa, e todas as soluções propostas pareciam fadadas ao fracasso. Em uma sessão prática, a equipe de Dwight apresentou uma solução insensata. Desvinculou completamente o grupo de desenvolvimento do restante da empresa. Sua missão não incluía mais qualquer tipo de suporte. Para fornecer suporte, dois membros da equipe de especialistas foram transferidos para o grupo de assistência como responsáveis encarregados pela resolução de problemas. O restante do grupo foi transferido para outro prédio, e todo o contato foi cortado. Os dois grupos sequer compartilhavam as mesmas linhas telefônicas. Embora houvesse problemas de reintegração da equipe com o restante da empresa, nove meses depois o produto foi entregue e a base de clientes ficou satisfeita.

Com certeza

As maiores barreiras à execução são a falta de comunicação, a falta de envolvimento por parte de líderes e planejadores na fase de execução e a falta de vontade e disciplina corporativas. A solução por meio da execução insensata começa com a criação de uma cultura de responsabilidade e o desenvolvimento de uma vontade da empresa de vencer. Construa um ambiente em que as pessoas possam trabalhar e use a responsabilidade compartilhada para continuar no caminho certo. Defina prazos agressivos e faça o que for necessário para permanecer dentro dos limites de tolerância do cronograma. Marque reuniões regulares e outros sistemas de comunicação para eliminar obstáculos e recompensar o progresso.

EPÍLOGO

Temos um potencial tremendo para o bem ou para o mal. Cabe a nós decidir como escolhemos usar esse poder. Ouvimos todos os dias "Não podemos mudar o mundo". Mas o mundo está mudando todos os dias. A única questão é... quem está à frente do processo? Você ou outra pessoa? Você prefere liderar ou ser liderado?

— J. Michael Straczynski, criador
e produtor executivo do *Babylon 5*

Pode acontecer daqui a 20 anos ou daqui a 50, mas vai acontecer. Muitas pessoas ficam profundamente assustadas com a ideia. Outras acham que é isso que torna a vida mais interessante. Outras, ainda, acham que vai transformar as pessoas em deuses. O que a maioria não percebe é que marcará o início do fim dos seres humanos como os conhecemos. Será que é loucura? Pura fantasia? Pode ser insensato, mas não é loucura nem fantasia. Quanto mais pensamos nisso, mais percebemos que, em relação ao futuro, essa previsão pode ser bem precisa.

A singularidade.

O quê?

A singularidade — o momento singular em que os computadores desenvolverão a capacidade de se autoprogramar, de forma muito precisa e muito rápida. O momento singular em que tudo em que você acredita sobre a humanidade mudará para além de reconhecimento. O momento em que a inteligência humana será superada pela inteligência super-humana da máquina. Lembra do que Bill Gates disse sobre entender o longo prazo? Pensando como Bill Gates, é difícil subestimar o impacto desse evento em tudo que conhecemos sobre a vida na Terra. Pelo lado positivo, nós — nossa raça, quero dizer — poderíamos ter parceiros à altura pela primeira vez em nossa existência, tirando os cachorros. Pelo lado negativo, poderemos acabar virando os cachorros.

Se você acha que parece Skynet do filme *O Exterminador do Futuro*, de 1984, acertou. Exceto pelo fato de que não se trata de ficção científica. É uma extrapolação a sangue-frio e clara das tendências existentes em um futuro não muito distante. De acordo com o cientista computacional e autor Vernor Vinge, tenderá a acontecer na primeira metade deste século. Funciona assim: quando os computadores tiverem a capacidade de escrever seu próprio software, terão também condições de controlar toda a eletrônica e a mecânica às quais estarão conectados. Em outras palavras, os computadores poderão controlar o mundo — sem nossa ajuda.

Imagine que você está dirigindo para o trabalho. Não, esqueça isso. Você informa seu destino e o horário em que gostaria de chegar, e que prefere o caminho com paisagem. Pronto. O carro planeja a rota; negocia com o GPS, o sistema de monitoramento de tráfego, e os outros carros na estrada; faz todos os procedimentos necessários para parar, avançar e fazer as curvas. Você, por outro lado, lê o jornal da manhã no computador de bolso. As notícias também poderiam ser lidas pelo computador, mas você ainda gosta de ler.

Entra uma chamada de uma colega que você iria encontrar, e uma projeção perfeitamente natural em 3-D aparece no banco do passageiro. Ela não poderá comparecer pessoalmente. Em vez disso, vai

Epílogo 239

mandar um avatar tridimensional — e a reunião será feita por telefone virtual. Você também poderia ter feito a mesma coisa; muitas pessoas fazem isso hoje em dia. Mas você é antiquado. Ainda gosta de sentir carne e osso. Gosta de sentir a mão da pessoa ao apertá-la. Todo mundo tem suas peculiaridades.

Esse futuro parece mais razoável do que a singularidade? Esse futuro poderia ter sido criado por você. Você acha que pode aprender com ele?

E se a maioria das doenças que hoje conhecemos fossem eliminadas antes do nascimento, e as que sobrassem — principalmente em pessoas nascidas antes de 2020 — fossem tratadas com terapia genética e fármacos moduladores de proteínas? As pessoas ainda morrem de "velhice", só que não são mais aos 70 anos bíblicos, mas aos 120 anos, mais ao estilo de Moisés. Além disso, os controles populacionais impostos pelos governos limitam as famílias a terem 1,7 filho por casal — é preciso demonstrar circunstâncias excepcionais para conseguir abrir exceções —, por isso a maioria das pessoas que você conhece é... velha. E você também.

Você já teve três carreiras diferentes. Está pensando sobre o que fazer em seguida. Aposentadoria? Isso é só para os mais necessitados. Quem quer que tenha recursos suficientes cria suas próprias "oportunidades de trabalho", e continua a ser útil. Nessa sociedade, essa é a marca do sucesso.

Você ainda joga golfe com seus tacos de fibras de nanotubos. Você ainda vai ao cinema. É muito mais divertido do que ficar em casa — só que, é claro, os filmes não são mais projetados em telas. Você ainda viaja pelo mundo fisicamente. Afinal de contas, a recreação e o lazer são os setores de mais rápido crescimento no planeta. E pronto! Você não faz isso o tempo todo. Os ricos se exibem trabalhando.

E se você tivesse certeza de que tudo isso vai acontecer? E se acreditasse que as tendências já existem hoje e que as mudanças que acabam de ser descritas já estão em andamento? Você aproveitaria essas mudanças de alguma maneira? Teria condições de transformá-las em seu benefício? Existe um negócio para desenvolver ou alguma ação defensiva que gostaria de fazer?

Nenhuma dessas situações é muito distante da realidade. Talvez não queira acreditar em uma ou em outra, mas cada cenário é uma provável extensão do que já está acontecendo no mundo hoje em dia, nos primeiros anos do século XXI. Cada uma dessas situações é algo que qualquer empresário pode descobrir por conta própria lendo folhas de chá na xícara à sua frente.

Neste livro, falamos sobre insensatez. Estratégias, táticas, ideias e execução insensatas. Esse é o futuro insensato.

A principal razão (perdão, mas tive de usar esta palavra) para ser insensato é mudar sua empresa e rapidamente transformá-la do ponto em que ela se encontra neste exato momento em algo extraordinário. Você agora tem as ferramentas e os padrões mentais para fazer exatamente isso. Existe uma segunda razão (olha ela aí de novo). Lembre-se das palavras de Alan Kay: "A melhor maneira de prever o futuro é inventá-lo." E a melhor maneira de inventar o futuro é livrar sua empresa das algemas da razoabilidade.

Não sei se as situações descritas aqui serão nosso futuro ou não. Para mim, cada uma parece bastante possível e pode ser apenas uma questão de quando, e não se ocorrerão. Quer ou não esses cenários ou algo mais parecido com o que conhecemos hoje se concretizem, você estará preparado. Use essas ideias e poderá estar dentre aqueles que fazem acontecer. Isso sim é gerar resultados extraordinários.

Por favor, pegue essas ferramentas e vá fundo.

APÊNDICE A

INSENSATEZ RESUMIDA

Insensatez é uma obrigação, caso você queira alcançar algo extraordinário.

Insensatez é ignorar a sabedoria convencional.

Insensatez é ir além.

Insensatez é pedir mais do que pedem de você. Muito mais.

Insensatez é pedir mais do que as pessoas estão dispostas a lhe dar.

Insensatez é dar o seu melhor em qualquer situação.

Insensatez é não aceitar concessões como fato consumado.

Insensatez envolve aceitar-se todas as vezes que alguém nega sua ideia.

Insensatez é trabalhar com a possibilidade de alcançar grandes feitos, sem se preocupar com o sucesso.

Insensatez aumenta as probabilidades de sucesso garantindo que o possível se torne realidade.

Insensatez envolve tornar realidade o improvável, mas muito necessário.

Insensatez é questionar por que o que é considerado normal é considerado normal, e depois descobrir como deveria ser.

Insensatez é pensar livremente, sem transformar as ideias para que fiquem sensatas.

Insensatez é esperar o melhor, sempre.

Insensatez é esperar o sucesso.

Insensatez é esperar a grandiosidade.

Insensatez é questionar por que sim e por que não.

Insensatez é ser totalmente responsável pelo resultado.

Insensatez é ser irresponsável sobre transgredir normas aceitas.

Insensatez é perguntar "Por quê?" toda vez que alguém lhe disser para "Ser razoável".

APÊNDICE **B**

PERGUNTAS FREQUENTES SOBRE A *INSENSATEZ*

P. Ser insensato é como ser inovador?

R. Não, insensatez não tem nada a ver com inovação. Quando estruturamos nosso pensamento, buscando a inovação, necessariamente estabelecemos uma relação com o que havia antes.

As pessoas sensatas baseiam suas ações futuras em experiências bem-sucedidas do passado. Embora em geral esse seja um bom modelo, por fim, perde a força, especialmente quando o mundo ao qual aquele modelo foi adaptado está em rápida ou descontínua mudança. Ser insensato envolve *não* estar limitado por modelos padronizados e estar disposto a gerar ideias e ações que não se enquadram nos padrões sobre os quais você construiu seu sucesso anterior. Você pode incorporar partes dos modelos anteriores ou dos modelos do seu setor de atuação ou da sociedade em que vive, mas também pode optar por não fazê-lo. Você está livre para inventar a partir do zero e livre para tentar o que bem entender.

244   Seja insensato

Outra forma de ver a questão é primeiro aceitar a existência dessa estrutura preestabelecida — "já que todo mundo pensa assim, ela deve existir, certo?". Em seguida, você percebe que não importa qual seja a estrutura. Ela se autoimpôs. Tire-a de cena. O que sobrou?

P. E quanto ao pensamento criativo? O pensamento insensato é parecido com ele?

R. O pensamento criativo por si só está ligado a encontrar soluções criativas dentro dos limites impostos pela sabedoria popular da sua indústria. A criatividade também tem seu lugar no pensamento insensato, só não é o único elemento importante. Afinal de contas, não é realmente criativo dizer a alguém "O que você faz melhor?" e depois pedir para produzir um resultado 15% maior do que quer que seja. Não é nada criativo, aliás, mas é insensato. E, acredite, funciona.

P. Ser insensato significa ser agressivo?

R. Por definição, não. Não há nada inerente em ser insensato que o faça se tornar mais agressivo. Entretanto, ao se valer de estratégias e táticas insensatas e ao resistir à pressão de aceitar soluções abaixo de espetaculares para o seu negócio, você pode assustar seus colegas de trabalho fazendo com que eles fiquem mais agressivos com você. Esse é um resultado natural de sua condição de não mais aceitar o *status quo*. Um dos principais motivos pelos quais a norma se tornou "a norma", em primeiro lugar, é a falta de disposição natural das pessoas de questionarem a mediocridade. Sendo insensatos, estamos revertendo anos de condescendência. Por isso, embora ser insensato não signifique necessariamente que você se tornará mais agressivo, provavelmente fará com que enfrente mais confrontos. Aliás, essa é uma das principais razões pelas quais as pessoas resistem à ideia da insensatez. Elas preferem "aceitar e serem aceitas".

P. Como a insensatez pode beneficiar os executivos imediatamente?

R. Existem várias maneiras imediatas em que a insensatez beneficiará executivos e donos de empresas. A primeira é que os executivos precisam pensar além dos limites do que é considerado normal, próprio ou até adequado em seu setor de atuação. Quando trabalho como consultor de crescimento empresarial *insensato*, uma das coisas que os clientes potenciais afirmam é "Mas você não é do nosso ramo". Minha resposta é: "Alguém do seu ramo é a última coisa de que você precisa. Sua indústria está repleta de pessoas que pensam igual; *todos pensam de forma semelhante e suas ideias estão mais do que gastas*. O que é necessário é um tipo de pensamento que não esteja preso à lógica tradicional do seu setor de atuação, ideias que possam trazer uma perspectiva sem lógica ao negócio".

O segundo benefício imediato resulta de eliminar os motivos pelos quais as coisas não acontecem. As pessoas sensatas pensam que existem *razões pelas quais* as coisas são do jeito que são, que existem *razões pelas quais* devemos agir de determinada maneira e que existem *razões pelas quais* certos enfoques vão funcionar e outros não no mundo dos negócios. Pensam que todas essas *razões* são fixas e duradouras, preestabelecidas. A insensatez nos negócios faz com que os executivos questionem as razões. Sempre que alguém começa a me falar de uma *razão pela qual* algo acontece, me torno insensato. Peço que as pessoas deixem essas razões de lado e pergunto: "Bem, e se fizéssemos isso? O que aconteceria então? Será que funcionaria?" Estas perguntas abrem a possibilidade de que essas *razões* não sejam mais apropriadas e significativas, se é que um dia foram.

O terceiro benefício imediato é eliminar desculpas. Quando um executivo — particularmente um gerente de nível médio — não gera os resultados esperados, ele normalmente apresenta uma razão pela qual seu enfoque não funcionou. O que temos, então, são resultados desejados ou razões pelas quais não funcionou. As pessoas agem como se as razões fossem tão boas quanto os resultados. Como eu sei disso? Porque as pessoas estão sempre dizendo algo do tipo "Bem, não funcionou, mas eu explico a razão". Ou, pior ainda: "Não deu certo" ou "Sequer tentamos". Esse tipo de desculpa.

A insensatez tira dos líderes empresariais a opção de recorrer a razões para explicar o fracasso. Quero tirar das pessoas a opção de recorrer a desculpas. Acho que toda a indústria mudaria se não houvesse opção de "desculpas" — se a única opção fosse gerar o resultado desejado ou alguma outra maneira de chegar ao resultado desejado, ou outra e assim por diante.

O quarto benefício imediato é definir expectativas mais altas e mais insensatas. Existe uma história sobre uma experiência feita com professores e alunos em que os professores foram informados, por meio de testes realizados com os alunos, que estes eram aprendizes abaixo da média. Os professores diminuíram suas expectativas adequadamente e ensinaram em um nível de complexidade menor, e o resultado foi menos aprendizado. Tiveram então uma aula extra cuja avaliação indicava habilidades acima da média. Os professores aumentaram suas expectativas e ensinaram em um nível de complexidade maior. Os alunos atenderam novamente às expectativas dos professores, dessa vez superando as normas. Nos dois casos, as turmas estavam dentro das normas, eram apenas as expectativas dos professores que variavam.

Os líderes empresariais se beneficiarão dramaticamente com a definição de expectativas insensatas em relação a seu pessoal. Use essas expectativas insensatas como grandes, enormes bases e deixe seu pessoal descobrir como atingir os resultados esperados e transformar essas expectativas insensatas em realidade. Ter esse enfoque com as pessoas, campanhas, iniciativas ou projetos é a maneira mais segura de aumentar dramaticamente a eficácia e a produtividade do seu negócio. Por que você deve aceitar — por que seus clientes devem aceitar — o que é razoável e previsível? Por que aceitar a norma? Aplique ideias insensatas. Defina expectativas insensatas. Exija resultados insensatos.

P. Como sabemos quanto pedir das pessoas? Quanto é demais?

R. Existe uma forte noção associada à arte de pedidos insensatos. Esse enfoque vai ajudar todos os executivos em seu trabalho com fornecedores, contratados e empregados. Continue pedindo mais. Continue pedindo melhores resultados. O que quer que seja oferecido, aumente as expectativas. Peça que as pessoas apresentem um desempenho além do que *elas* consideram ser o seu melhor. Faça isso logo, antes delas dizerem que conseguem. E com mais alta qualidade. Com mais eficácia e menores custos.

Essa não é uma tática de negociação. É simplesmente pedir que as pessoas tenham resultados acima das expectativas e além do que você mesmo considera razoável. Esse nível de resultado é alcançado com frequência.

P. Qual é o problema mais comum que pode ser superado pelos executivos para tornar seu planejamento empresarial mais original?

R. A questão não é tornar o planejamento mais original por si só; a questão é implementar estratégias que produzam os melhores resultados. O planejamento, muitas vezes, baseia-se em tentar alcançar resultados que são "razoáveis" considerando o histórico de determinada organização. A maior parte das empresas prevê seus resultados, suas receitas, suas taxas de crescimento etc., com base nos resultados dos anos anteriores. A norma é chamar essa abordagem de razoável, e a maioria das empresas desenvolve seus planos para alcançar esses resultados "normais".

A insensatez gera uma atitude que começa com perguntas de planejamento mais úteis: "O que faria uma profunda diferença?", "O que causaria uma transformação na empresa?", "O que aumentaria *dramaticamente* o valor ou os lucros aos acionistas?". Descartar metas normais ou razoáveis e, em vez disso, estabelecer planos para alcançar a visão da sua empresa oferece uma oportunidade imediata de ultrapassar o estado *normativo* das coisas.

Há 500 anos, quando o monge franciscano Luca Pacioli codificou pela primeira vez a contabilidade de partidas dobradas, o mundo mudava muito lentamente, e uma extrapolação da história era um enfoque racional. Mesmo há 200 ou 100 anos, basear suas previsões nas circunstâncias do ano anterior fazia sentido. No entanto, no século XXI, a mudança é rápida, repentina e, com frequência, impressionante. Essa mudança está acontecendo não só na sua própria empresa, mas no seu setor de atuação, na economia global, nas expectativas dos seus clientes, na mão de obra, na tecnologia e em todos os aspectos da nossa cultura compartilhada. Pensar que algo que aconteceu um ano atrás permanecerá estável este ano não é só insensato, é totalmente ridículo.

Leve *todos* os fatores em conta. Atualize *tudo* que você sabe sobre sua situação específica, junte com todas as mudanças futuras a serem previstas e acrescente à mistura os objetivos pelos quais sua empresa existe. Os resultados previstos podem parecer insensatos, mas não existe outro caminho a seguir.

P. Onde é a linha que separa o insensato do ridículo? O que impede as pessoas de cruzarem essa fronteira e ameaçar sua identidade corporativa?

R. O medo de colocar em risco a identidade corporativa talvez seja o maior obstáculo à criação de resultados extraordinários. A maior parte das pessoas simplesmente está preocupada demais em manter as aparências para assumir riscos importantes.

Comentamos antes que a única maneira de fazer algo significativo é assumindo riscos. A única maneira de criar resultados extraordinários é gerar ideias e programas que sejam insensatos e ir fundo. Não tenho certeza se existe uma fronteira nítida entre o insensato e o ridículo que possa ser estabelecida de antemão. A linha é traçada na esteira dos acontecimentos. Se você conseguir, ótimo! Se fracassar, tempos depois, as pessoas chamarão sua ideia de ridícula.

Vamos ser claros: *insensato não significa impensado ou irracional.* Existem mecanismos em ação, e o pensamento insensato envolve explorar e ir além, fecundar e inventar intuitivamente. *Mas, definitivamente, nada tem a ver com não pensar.* Talvez a linha que separe ideias insensatas de ideias ridículas esteja onde o pensamento ficou de lado ou sequer foi usado.

P. Como você espera influenciar o mundo dos negócios com a introdução dessa ideia *insensata*?

R. A insensatez é insensata. Minha esperança é criar um grupo — um grupo grande — de donos de empresas e executivos que estejam dispostos a defender ideias ousadas, contraintuitivas e insensatas conduzindo a pensamentos avançados e a projetos e resultados extraordinários. O resultado para o mundo empresarial será um marco ricamente diversificado de mudança, um gerador maciço de ideias lucrativas e produtivas que as empresas poderiam aproveitar.

Em nível global, os enfoques e técnicas sensatas e comprovadas não estão dando resultado. A distribuição desigual do bem-estar global é um problema ainda sem solução. A dependência energética do mundo nos combustíveis fósseis é outro. Minha esperança é que uma rede auto-organizada de pensadores insensatos consiga resolver alguns desses problemas.

P. Você usa essa ideia em seu próprio trabalho? Quais foram os benefícios até agora?

R. Nosso enfoque é todo insensato. Nós nos autodenominamos "Aceleradores Empresariais". Prometemos crescimento quântico. Por "quântico" queremos dizer saltos de desempenho descontínuos e não-lineares. Por si só, esses são elementos insensatos, já que a maioria das pessoas não considera que algo quântico no mundo macro seja razoável. Sistematizamos nosso processo de consultoria — trabalhar o que a maioria das pessoas considera ser idiossincrático e intuitivo — e construímos uma máquina confiável para transformar as empresas de forma consistente e rápida.

Começamos nosso trabalho com premissas insensatas e buscamos resultados extraordinários. Em seguida, e só então, pensamos em como executá-los. Insistimos que todo o processo tem que ser divertido e lucrativo. Esperamos que as pessoas se comprometam em alcançar os resultados, e temos baixa tolerância por desculpas ou pelas razões pelas quais eles não são alcançados — embora esperemos que aprendam e cresçam independentemente do resultado. Durante o processo, fazemos constantes pedidos insensatos do nosso pessoal, exigindo e — eu espero — fazendo que eles deem o melhor de si.

SOBRE O AUTOR

Paul Lemberg é o "Consultor Insensato" que ajuda os clientes a enxergarem os limites desnecessários que eles se impõem e os leva a assumir o controle e a tomar medidas por vezes desconfortáveis para alcançar as metas de seus sonhos. Ao longo dos anos, Lemberg já trabalhou com líderes da Accenture, Adobe, American Skandia, Cisco Systems, Goldman Sachs, IBM, JPMorgan Chase, Lexis/Nexis, Open Text e SAIC, e milhares de empresas menores e emergentes.

Paul Lemberg é Chief Business Accelerator e CEO da Quantum Growth Consulting, uma consultoria internacional que ajuda empresários e executivos a alcançarem resultados extraordinários. Ele é autor de dois outros livros e de centenas de artigos de ampla circulação sobre administração, marketing e liderança. Sua publicação eletrônica mensal para executivos, *Extraordinary Results*, é lida por mais de 20 mil líderes empresariais.

Paul Lemberg mora na Califórnia com a esposa, Leslie, e seus dois filhos.

Visite o autor no site www.paullemberg.com

Este livro foi composto na tipologia Minion Pro,
em corpo 11.5/16, e impresso em papel off white 80g/m²
No Sistema Cameron da Divisão Gráfica da Distribuidora Record.